Hedging mit fixen Termingeschäften und Optionen

Thomas Braun

Hedging mit fixen Termingeschäften und Optionen

Ein Vergleich auf der Grundlage eines operationalisierten Risikomanagementkonzeptes

Physica-Verlag Heidelberg

Reihenherausgeber
Werner A. Müller

Autor
Dr. Thomas Braun
Anemonenweg 4
D-6380 Bad Homburg

CIP-Titelaufnahme der Deutschen Bibliothek

Braun, Thomas:
Hedging mit fixen Termingeschäften und Optionen: ein Vergleich auf der Grundlage eines operationalisierten Risikomanagementkonzeptes / Thomas Braun. - Heidelberg: Physica-Verl., 1990
(Wirtschaftswissenschaftliche Beiträge; 24)
Zugl.: Passau, Univ., Diss.

ISBN-13: 978-3-7908-0459-1 e-ISBN-13: 978-3-642-99754-9
DOI: 10.1007/978-3-642-99754-9
NE: GT

7120/7130-543210

Inhaltsverzeichnis

Anhang:

1 Einleitung

1.1 Problemstellung und Vorgehensweise

Gegenstand der vorliegenden Arbeit ist eine vergleichende Analyse der Eignung von Forwardkontrakten und europäischen Optionen als Hedginginstrument. Angestrebt werden eine möglichst präzise Spezifikation der im Hinblick auf eine noch zu konkretisierende Zielsetzung präferablen Einsatzvoraussetzungen und möglichst eindeutige Aussagen über die relative Bewertung der Alternativen unter diesen Voraussetzungen, z. B. in Form von Dominanzaussagen.

Im Gegensatz zur betriebswirtschaftlichen Praxis, aus deren Reihen schon häufiger Autoren mit Beiträgen, die sich mit der relativen Vorteilhaftigkeit von fixen Terminkontrakten (Forwardkontrakten) und Optionen befassen, hervorgetreten sind[1], wurde die Fragestellung von der finanzierungstheoretisch orientierten Literatur bisher nicht aufgegriffen.

---

1 Stellvertretend für andere sei hier auf die Beiträge von *Kessel, W.*, Die Absicherung von Währungsrisiken bei deutschen Reiseveranstaltern, ZEITSCHRIFT FÜR BETRIEBSWIRTSCHAFTLICHE FORSCHUNG 40 (1988), 447 - 458; *Thiessen, F.*, Optionen und innerbetriebliche Restriktionen im Devisenhandel, ZEITSCHRIFT FÜR DAS GESAMTE KREDITWESEN 23 (1988), 1075 - 1081; *Vosshenrich, B.*, Handelsstrategien mit Devisenoptionen, DIE BANK (1986), 451 - 458 sowie derselbe, Devisentermingeschäft : Kurssicherungsinstrument und Spekulationsvehikel, DIE BANK (1987), 447 - 452, verwiesen.

Wir treten an das Problem heran, indem wir uns die dem mit der Put-Call-Parity[2] vertrauten Leser geläufige Sicht zu eigen machen, europäische Kauf- bzw. Verkaufsoptionen - d. h. Optionen, die nur am Ende der Erklärungsfrist ausgeübt werden dürfen - nebst entsprechenden Stillhalterpositionen in Verkaufs- bzw. Kaufoptionen als Komponenten eines synthetischen fixen Termingeschäftes zu betrachten, um von dieser Vorstellung ausgehend die mit der Zerlegung eines Fixgeschäftes in zwei Optionsgeschäfte zusätzlich geschaffenen Risikoallokationsmöglichkeiten unter Berücksichtigung der Preise (Prämien) entsprechender Optionen aus der Sicht eines nach Risikobegrenzung trachtenden Unternehmens zu bewerten.

Da zuweilen behauptet wird, eines der beiden Instrumente sei vergleichsweise billiger[3], betrachten wir vorab die Preiskomponente. Zunächst ist zu konstatieren, daß solche Argumente in keiner Weise auf die Entscheidungssituation der Nachfrager nach diesen Instrumenten abheben, sondern vielmehr die Preisbildung auf zwei Märkten relativ qualifizieren, gleichwohl aber eine Würdigung aus Anwendersicht suggerieren. Wie bereits erwähnt, lassen sich Optionsgeschäfte zu perfekten Substituten für fixe Termingeschäfte kombinieren, so daß davon ausgegangen werden darf, daß Arbitrageure zumindest im Falle jener Kontrakte, die Bestandteil entsprechender Kombinationen sind, auf die Hinfälligkeit der eingangs des Absatzes referierten Behauptung hinwirken. Das impliziert grundsätzlich - im Rahmen von Transaktionskostenrestriktionen - gleiche Preise für gleiche Risikoallokationen, mögen sie durch originäre Termingeschäfte oder durch die Kombination zweier Optionsgeschäfte erreicht werden. Neben diesen spezifischen Arbitragebeziehungen zwischen Forward- und Optionsmärkten und den traditionell bekannten Arbitragebe-

---

2 Gewöhnlich wird die Put-Call-Parity mit dem Aufsatz von *Stoll, H. R.,* The relationship between put and call option prices, JOURNAL OF FINANCE 24 (1969), 801 - 824, in Verbindung gebracht. Der damit gekennzeichnete Sachverhalt war allerdings auch Börsianern früherer Zeiten bekannt (an den deutschen Börsen geriet er allerdings bedingt durch das Verbot von Termingeschäften 1931 zunehmend in Vergessenheit); vgl. *Schmidt, F.,* Die Effektenbörse und ihre Geschäfte, Leipzig 1922; *Fürst, M.,* Die Börse, ihre Entstehung und Entwicklung, ihre Einrichtungen und Geschäfte, 2. Aufl., Leipzig 1923

3 Vgl. *Vosshenrich, B.,* Handelsstrategien mit ... , loc. cit., S. 451

ziehungen zwischen Forward- und entsprechenden Kassamärkten kennt die heute verbreitete Finanzierungstheorie auch solche zwischen Options- und entsprechenden Kassamärkten[4], so daß die Bewertung von Optionen und Forwardkontrakten auf der Grundlage des Arbitragefreiheitspostulats einheitlich an den Kassapreisen entsprechender Basistitel anknüpfen kann. Auf funktionierenden Märkten sind Optionen mithin weder "teuerer" noch "billiger" als Forwardkontrakte.

Somit bleibt das Faktum zusätzlicher Risikoallokationsmöglichkeiten durch die Möglichkeit zur Aufspaltung von Termingeschäften in der oben skizzierten Weise aus der Sicht eines Unternehmens, dem Maßnahmen zur Begrenzung des noch zu definierenden Unternehmensrisikos geboten erscheinen, zu bewerten[5]. Hierbei sind neben Risikoaspekten auch Erlösaspekte zu berücksichtigen.

In Praktikerbeiträgen wird die Entscheidungssituation des Hedgers - zumindest implizit - als Entscheidung unter Ungewißheit, d. h. ohne Berücksichtigung von Wahrscheinlichkeitsvorstellungen[6] modelliert[7]. Der Verzicht auf die

---

4 Diese Form der Beziehung kann geradezu als <u>der</u> Kern eines Großteils der heutigen Finanzierungstheorie angesehen werden; dieser Teil der Finanzierungstheorie nahm ihren Ausgang von dem Aufsatz: *Black, F. and M. Scholes,* The pricing of options and corporate liabilities, JOURNAL OF POLITICAL ECONOMY 81 (1973), S. 637 - 654

5 Es liegt auf der Hand, daß die Möglichkeit, aus zwei Geschäften ein Drittes zu synthetisieren und damit simultan alle drei Geschäfte verfügbar zu haben, prima vista der Situation überlegen ist, in der nur eines dieser Geschäfte eingesetzt werden kann: Es resultiert ein Mehr an Entscheidungsflexibilität. Die Frage, ob diese Flexibilität auch Entscheidungs<u>wert</u> besitzt, kann man dagegen einer Analyse unterziehen.

6 Bekanntlich unterscheidet man seit *Knight, F. H.,* Risk, Uncertainty, and Profit, Boston - New York 1921, zwischen drei Formen von Entscheidungssituationen, in denen das Entscheidungsresultat nicht sicher bekannt ist, nämlich Spielsituationen, die durch die Unkenntnis über für das Entscheidungsresultat maßgebliche Handlungen bestimmter identifizierbarer Wirtschaftssubjekte charakterisiert sind, sowie Entscheidungssituationen, die durch die Unkenntnis der Auswirkungen der Entscheidungen einer anonymen Masse von Wirtschaftsubjekten auf das Entscheidungsresultat geprägt sind. Letztere werden in solche unter Ungewißheit und Risiko differenziert, wobei der konstitutive Unterschied in der Unfähigkeit bzw. Fähigkeit zur Spezifikation von Wahrscheinlichkeitsvorstellungen über das Entscheidungsresultat besteht. Man kann sich streiten, ob diese

Berücksichtigung von Wahrscheinlichkeitsvorstellungen zwingt die Autoren, sich bei der Beschreibung von Risiken auf die Ermittlung der Zahlungskonsequenzen für verschiedene denkbare zukünftige Umweltzustände zu beschränken und sehr rigide Entscheidungsregeln anzuwenden bzw. vorzuschlagen. Der Vergleich der Zahlungskonsequenzen bezieht sich stets auf das Hedging *einzelner* Positionen. Häufig behandelt wird das Hedging des Wechselkursrisikos einer offenen Währungsposition. Daß der "Gewinner" des Vergleichs zwischen Devisenterminkontrakten und Devisenoptionen bei dieser Aufgabenstellung überwiegend Devisenoption heißt, wurzelt in zwei eng miteinander verknüpften Ursachen: Zum einen wird neben der Ungewißheit über die Wechselkursentwicklung auch Ungewißheit über die Höhe der betrachteten offenen Währungsposition unterstellt und zum anderen gelangt - implizit - die mit dem Fachterminus "maxmin" adressierte Regel zur Anwendung, wonach die Entscheidung zu treffen ist, die bei ausschließlicher Betrachtung des jeweils ungünstigsten Umweltzustandes relativ am besten abschneidet. Indem der Entscheidende seinen Blickwinkel auf die Auswirkungen des Zusammentreffens ungünstiger Umweltkonstellationen auf das Entscheidungsresultat verengt, nimmt in seinen Augen grundsätzlich jede Entscheidung, die ihn auf ein bestimmtes Verhalten in der Zukunft festlegt, den Charakter einer potentiellen Verlustquelle an. Damit ist die relative Dominanz solcher Alternativen, die

---

Unterscheidung jemals in betriebswirtschaftlichen Zusammenhängen eine fruchtbare war.

7 So z. B. bei *Kessel, W.*, Die Absicherung von ... , loc. cit.. Zuweilen finden sich allerdings Zeugnisse eines noch unterentwickelten Bewußtseins dafür, daß die ex post Beurteilung eines Hedgingengagements vollkommen sinnlos ist, da es ex post kein Risiko gibt, wie etwa bei *Thiessen, F.*, Optionen und ... , loc. cit., S. 1075: "Glücklich sind trotzdem nicht alle Verwender von Optionen, denn für Unternehmen, die damit Kurssicherung betreiben wollen, hat das Instrument einige Mängel. Überspitzt formuliert ist der Einsatz von Optionen ex post betrachtet immer falsch: Sichert sich ein Importeur durch Kauf einer Kaufoption gegen Währungsverluste und fällt der Wechselkurs, dann wäre eine Nicht-Sicherung und spätere Eindeckung am Kassamarkt die bessere Lösung gewesen. Steigt der Wechselkurs, dann hätte ein Kauf der betreffenden Währung auf Termin die besseren Ergebnisse gezeigt. Und bei konstantem oder schwach schwankendem Wechselkurs ist die Option in jedem Fall den beiden anderen herkömmlichen Instrumenten unterlegen."

Verlustpotentiale durch das Zugeständnis flexibler Anpassungen an zukünftige Entwicklungen zu vermeiden helfen, bereits prädeterminiert.

Der größte Nachteil einer Hedgingkonzeption, die nach Minimierung des maximal möglichen Verlustes strebt, besteht darin, daß sie andere als die Datensätze mit den jeweils größten Verlustpotentialen selbst dann unberücksicht läßt, wenn diese aufgrund zum Zeitpunkt der Entscheidung verfügbarer Informationen erheblich wahrscheinlicher erscheinen. Abhilfe verspricht eine Hedgingkonzeption, die die Entscheidungssituation unter Ungewißheit durch eine solche unter Risiko ersetzt und sich an der Bereitstellung kompensierender Zahlungen in den Umweltkonstellationen, die zu geringeren als den im Mittel erwarteten Erlösen führen, orientiert. Gerade mit Blick auf die Marktpreise homogener Güter und Devisen erscheint die Annahme der Entscheidung unter Risiko der tatsächlichen Entscheidungssituation der Mehrheit derjenigen, denen die Verantwortung für Hedgingentscheidungen obliegt, eher angemessen als die Annahme der Ungewißheit, da die Beschaffung von Informationen über wichtige Einflußgrößen dieser Marktpreise nur geringe Kosten verursacht. Bedenkt man, daß kostenlose Informationen bereits dann von Wert sind, wenn sie potentiell Einfluß auf anstehende Entscheidungen nehmen können, so darf davon ausgegangen werden, daß Unternehmen, deren Vermögen erkennbar mit der Veränderung solcher Preise variiert, entsprechende Informationen bereithalten. Dies gilt insbesondere für den US-$, dessen Kursentwicklung in einer Weise zum Gegenstand der täglichen Berichterstattung gemacht wird, daß sich auch derjenige, der das Tagesgeschehen nur oberflächlich verfolgt, ausreichend informiert fühlen dürfte, um möglichen zukünftigen Wechselkursen subjektive Wahrscheinlichkeiten beimessen zu können.

Die Ungewißheit über Wert und nominale Höhe einzelner offener Positionen ist im Rahmen einer sinnvollen Hedgingkonzeption bedeutungslos, weil vor dem Ergreifen von Maßnahmen zur Begrenzung des Risikos einer bestimmten Position neben der vordergründigen Möglichkeit der Saldierung stets zu prüfen wäre, ob diese in bezug auf die Gesamtposition nicht selbst bereits Hedgequalität besitzt[8]. Damit ist der Schritt von einer an einzelnen Geschäftsvorfällen anknüpfenden zu einer auf der Unternehmensebene angesiedelten Hedgingkonzeption vollzogen. So verstanden muß Hedging letztlich in einer Steuerung des Unternehmensrisikos aufgehen.

Aus der Sicht des Managements[9] materialisiert sich dieses Risiko in Schwankungen des Zahlungssaldos[10], die die Bemessung der Liquiditätsreserve maßgeblich determinieren. Für das Management besitzt die Liquiditätsreserve deshalb große Bedeutung, weil sie als hinreichende Bedingung für die Fähigkeit, Aktionsprogramme ohne nachhaltige Beeinträchtigung anderer Programme an unerwartete Umweltentwicklungen anpassen zu können, und letztlich als notwendige Bedingung für die Aufrechterhaltung der Eigentumsverhältnisse, deren Neuordnung im Falle der Illiquidität mit hoher Wahrscheinlichkeit den Verlust des Arbeitsplatzes zur Folge hätte, angesehen wird[11].

---

8 Selbst wenn man Diversifikationseffekte a priori ausschließt, ist die Aggregation unter Umständen mit einem Zuwachs an Informationen verbunden: Nach dem zentralen Grenzwertsatz konvergiert die Folge der normierten Summen beliebig aber identisch verteilter stochastisch unabhängiger Zufallsvariablen gegen eine Gaußsche Einheitsvariable. In diesem Fall liefert die Aggregation mithin auch dann Aufschlüsse über die Verteilungsfunktion des Aggregates, wenn die Verteilungsfunktionen der einzelnen Komponenten nicht bekannt sind. Eine leicht verständliche Herleitung findet sich bei *Chung, K. L.*, Elementary Probability Theory with Stochastic Processes, New York - Heidelberg - Berlin 1974, S. 220 ff.

9 Es darf davon ausgegangen werden, daß Anteilseigner, die die Geschäftsführung delegieren, grundsätzlich keine Neigung verspüren, Einfluß auf das operative Geschäft ihrer Unternehmen zu nehmen. In großen Publikumsgesellschaften unterliegen die Entscheidungen des Managements generell nur moderater Kontrolle durch die Anteilseigner. Wir sehen daher davon ab, den grundsätzlich als Principal - Agent - Problem zu modellierenden Sachverhalt in dieser Weise zu analysieren. Uns liegt mehr an einer Sichtweise, die konkretes Risikomanagement unterstützt.

10 Ein nicht unwesentlicher Vorteil der Erfassung des Unternemensrisikos auf der Zahlungsmittelebene besteht darin, daß Zahlungen im Gegensatz zu anderen nur mittelbar aus der Veränderung von Vermögensbeständen zu bestimmenden Erfolgskomponenten keine Bewertungsprobleme aufwerfen und daher wenigstens im Prinzip nicht manipulierbar sind.

11 Vgl. *Franke, G. und H. Hax*, Finanzwirtschaft des Unternehmens und Kapitalmarkt, Berlin - Heidelberg 1988, S. 15 f.

Unter dem Gesichtspunkt der organisatorischen Ausgestaltung des Risikomanagements erscheint eine an der Zerlegung des Gesamtzahlungssaldos in einen - nachfolgend Cash Flow genannten - Teilsaldo durch den Leistungserstellungs- und -verwertungsprozeß induzierter Zahlungen und einen Teilsaldo nicht in unmittelbarem Zusammenhang mit dem Umsatzprozeß stehender Zahlungen - er dürfte sich in aller Regel überwiegend aus den Zahlungssalden des Finanzbereiches zusammensetzen - orientierte Aufspaltung von Kompetenzen angebracht, weil die deutlich voneinander abweichenden Zeithorizonte des Managements der mit den beiden Teilsalden verknüpften Risiken signifikant verschiedene Aktionsräume und damit auch signifikant verschiedene innerbetriebliche Kommunikationsprozesse erforderlich werden lassen. Diese Auffassung stützt sich insbesondere auf das offensichtliche Gebot einer Anbindung des Risikomanagements der Zahlungssalden aus dem Finanzbereich an die strategische Unternehmensplanung, wenn diesem die Nutzung der Risikoeliminationspotentiale von Beteiligungen, Finanzanlagen und Finanzierungsmaßnahmen nicht versagt bleiben soll.

Von konstitutiver Bedeutung für die im Vordergrund des Interesses der vorliegenden Untersuchung stehende Steuerung des Cash-Flow-Risikos, i. e. des Unternehmensrisikos aus dem operativen Bereich, ist die Möglichkeit, die Risikovorstellungen leitender Unternehmensorgane in Sollvorgaben für das mit ihr befaßte Risikomanagement umzusetzen, ohne dessen Funktionen durch konkrete Handlungsanweisungen zu übernehmen. Dieses konzeptionelle Charakteristikum sehen wir in der Forderung nach einer - wie wir sie charakterisieren werden - *effizienten* Steuerung des Cash-Flow-Risikos eines Unternehmens, die bestimmte von der Geschäftsleitung vorgegebene Mindestanforderungen hinsichtlich der Reduktion des Cash-Flow-Risikos erfüllen und gleichzeitig möglichst hohe zukünftige Zahlungsmittelzuflüsse bzw. möglichst geringe zukünftige Zahlungsmittelabflüsse erwarten lassen muß, verwirklicht.

Konkrete Handlungsanweisungen lassen sich aus dieser Forderung natürlich nur dann ableiten, wenn sowohl der Begriff der Erwartung als auch der des Risikos operationalisiert werden.

Für das Controlling von Hedgingaktivitäten erscheint von Bedeutung, daß nur ein in allen Bestandteilen intersubjektiv überprüfbares Entscheidungsmodell, welches konkrete Handlungsanweisungen zu geben vermag, die Möglichkeit zur Überprüfung der Angemessenheit von Hedgingmaßnahmen *aus der Sicht des Entscheidungszeitpunktes* eröffnet. Dagegen ist die Beurteilung von Hedgingengagements aus einer Sicht ex-post sinnlos, da es ex-post kein Risiko gibt.

Hierbei erscheint mit Blick auf eine möglichst komprimierte Informationsübermittlung zwischen den Unternehmensorganen, die die Vorgaben verantworten, und den ausführenden Organen die Operationalisierung der Steuerungscharakteristika in Parameterform angezeigt. Dem finanzierungstheoretischen Standard entsprechend verwenden wir den mathematischen Erwartungswert und das Streuungsmaß Varianz in den entsprechenden Rollen. Über die Verwendung im Rahmen von Entscheidungsmodellen hinaus zeigen wir in Kapitel 4.1, auf welche Weise zur Unterstützung der Erwartungsbildung Vergangenheitsbeobachtungen zu Schätzwerten für Erwartungs- und Risikoparameter komprimiert werden können.

Mit der Wahl dieser Parameter ist bereits angedeutet, daß wir unser Konzept von Risikomanagement letztlich auf dem (μ,σ) - Prinzip aufbauen, wobei wir zugunsten der Operationalität des Entscheidungsmodells auf eine entscheidungstheoretische Fundierung verzichten. Bekanntlich bemißt sich die Eignung eines Risikoparameters aus entscheidungstheoretischer Sicht nicht nach seiner Übereinstimmung mit dem subjektiven Risikoempfinden, sondern nach seinem Beitrag zur Charakterisierung der zugrundeliegenden Wahrscheinlichkeitsverteilung - jedenfalls, solange keine spezielle Risikonutzenfunktion zugrundegelegt werden kann -, da die Entscheidungstheorie auf der Annahme der Existenz einer Präferenzordnung für Wahrscheinlichkeitsverteilungen basiert. Daraus erklärt sich, daß das (μ,σ)-Prinzip strenggenommen nur für solche Verteilungen, die durch die Parameter μ (Erwartungswert) und σ (Standardabweichung) vollständig determiniert werden, entscheidungstheoretisch fundiert ist[12].

---

12 Eine weitere Möglichkeit seiner theoretischen Fundierung besteht in der Voraussetzung einer sehr spezifischen nur mit Einschränkungen plausiblen Beschrei-

Die Steuerung der Varianz des Cash-Flow erfolgt jeweils für einen vorgegebenen Hedginghorizont, wobei alle zwischenzeitlich prognostizierten Zahlungen als in dem Zeitpunkt, der das Ende des Hedginghorizontes markiert, anfallend unterstellt werden. Damit darf der Hedginghorizont für ein realitätsnahes Konzept des Risikomanagement nicht zu weit in die Zukunft reichen, wenn dem im folgenden entwickelten Kalkül der Einwand der Scheingenauigkeit erspart bleiben soll. Im Entscheidungszeitpunkt ist somit grundsätzlich davon auszugehen, daß die Steuerung des Unternehmensrisikos aus dem operativen Bereich zukünftig in regelmäßigen Abständen Engagements in Hedginginstrumenten erforderlich werden läßt. Solange eine Gesamtbewertung der Hedgingperformance über mehrere Hedgingperioden[13] nicht angestrebt wird, erwächst hieraus lediglich dann ein Problem, wenn die aus der Sicht des Entscheidungszeitpunktes zu Beginn der Folgeperiode erforderlich werdenden Hedgingengagements Zahlungen induzieren, die im Entscheidungszeitpunkt berücksichtigt werden müßten. Dieses Problem läßt sich jedoch sehr einfach vermeiden, indem man nur solche Hedgingengagements zuläßt, die im Zeitpunkt ihrer Kontrahierung entweder keine Zahlungswirksamkeit besitzen oder

---

bung der Risikopräferenzen eines Entscheiders durch eine quadratische Risikonutzenfunktion. Vgl. *Schneeweiß, H.*, Entscheidungskriterien bei Risiko, Berlin - Heidelberg - New York 1967, insb. S. 113 - 117. Eine sehr übersichtliche und leicht verständliche Darstellung entscheidungstheoretischer Grundlagen findet sich bei *Franke, G. und H. Hax*, Finanzwirtschaft des Unternehmens und Kapitalmarkt, Berlin - Heidelberg 1988, S. 235 - 248.

13 Für eine Gesamtbewertung der Hedgingperformance über mehrere Perioden müßten neben Trade-offs zwischen für den gleichen Zeitpunkt prognostizierten Risiken und erwarteten Erlösen intertemporale Trade-offs für erwartete Erlöse einerseits, Risiken andererseits und solche zwischen erwarteten Erlösen und Risiken zu unterschiedlichen Zeitpunkten formuliert werden. Optimale Hedgingentscheidungen erforderten die Antizipation aller zukünftig ergriffenen Hedgingmaßnahmen und mithin eine zu Beginn der letzten Hedgingperiode einsetzende rekursive Optimierung unter Berücksichtigung der bedingten optimalen Hedgingentscheidungen der jeweiligen Folgeperiode. Diese Vorgehensweise beruht auf einem grundlegenden Prinzip der Entscheidungstheorie, dem Bellmanschen Prinzip der dynamischen Programmierung. Vgl. *Bellman, R.E.*, Dynamic Programming, Princeton 1957, *Samuelson, P. A.*, Lifetime portfolio selection by dynamic stochastic programming, REVIEW OF ECONOMICS AND STATISTICS 51 (1969), 239 - 246 sowie *Merton, R. C.*, Lifetime portfolio selection under uncertainty : the continuous time case, REVIEW OF ECONOMICS AND STATISTICS 51 (1969), 247 - 257

deren Zahlungswirksamkeit bei im Verhältnis zum Transaktionsvolumen möglichst geringer Inanspruchnahme offener Kreditlinien auf den Endzeitpunkt der Hedgingperiode verlagert werden kann. Diese Anforderungen werden typischerweise von Termin- und Optionsgeschäften erfüllt.

Der Begriff der Steuerung spricht nach allgemeinem Sprachverständnis die Möglichkeit an, die zu steuernde Größe möglichst unbeschränkt variieren zu können. Bei der Operationalisierung des oben skizzierten Hedgingkonzeptes ist dieser Überlegung folgend für die mindestens geforderte Reduktion des Cash-Flow-Risikos jedenfalls potentiell ein Variationsspielraum ins Auge zu fassen, der vom Minimalniveau eines ungeänderten bis zur vollständigen Elimination des Cash-Flow-Risikos reicht. Da letztere mit Blick auf den Aggregatcharakter des Cash-Flow - wenn überhaupt - mutmaßlich nur durch ein ganzes Bündel von Hedgingmaßnahmen erreicht werden kann, ist das Entscheidungsmodell so auszulegen, daß zum einem das Problemlösungspotential einer gegebenen Alternativen*menge* von Hedginginstrumenten - in optimaler Kombination - beurteilt werden kann und zum anderen die Identifikation geeigneter Hedgeportefeuille*komponenten* unterstützt wird. Insbesondere die zuletztgenannte Aufgabe erfordert eine Form der Darstellung des zugrundeliegenden Kalküls, die Strukturen aufdeckt, aus denen die charakteristischen Erlös-Risiko-Profile geeigneter Hedginginstrumente abgeleitet werden können. Dies wird durch die erforderliche Berücksichtigung stochastischer Wechselwirkungen zwischen den einzelnen Hedgeportefeuillekomponenten zunächst wesentlich erschwert. Im Verlauf der Arbeit erweist sich allerdings, daß dem Einfluß stochastischer Wechselwirkungen zwischen einzelnen Hedgeportefeuillekomponenten gerade bei der ökonomischen Bewertung der durch die institutionell instrumentale Zerlegung von Zahlungsansprüchen geschaffenen zusätzlichen Risikoallkationsmöglichkeiten besondere Aufmerksamkeit gebührt.

Wie man die aus den oben skizzierten grundsätzlichen Erwägungen abgeleiteten Erlös-Risiko-Profile für realtypische Instrumente ermittelt, um sie zur Aussonderung vergleichsweise weniger geeigneter Hedginginstrumente aus der Menge zulässiger Alternativen zu benutzen, wird im Anschluß an die Darstellung und Diskussion unserer Vorstellung des Risikomanagement behandelt. Mit

Rücksicht auf die Wahrung der Anschaulichkeit der zwangsläufig technisch orientierten Analyse gehen wir dabei mit einer Ausnahme von der Annahme aus, es sei jeweils nur ein Hedginginstrument in Betracht zu ziehen. Gleichwohl ist zu betonen, daß die Erweiterung auf den Fall eines Hedgeportefeuilles in konzeptioneller Hinsicht keine Schwierigkeiten bereitet.

Im Zentrum des Interesses steht der direkte Vergleich der Hedgingtauglichkeit von Forwardkontrakten und europäischen Optionen, der sich auf die allgemeinen Erwägungen zum ökonomischen Wert der Schaffung zusätzlicher Risikoallokationsmöglichkeiten durch die Zerlegung von Zahlungsansprüchen stützen kann. Wir werden zeigen, daß die positive Korrelation der Liquidationserlöse zweier Optionsgeschäfte, die zusammengenommen einen Forwardkontrakt synthetisieren, den Vorteilhaftigkeitsvergleich sowohl zwischen Forwardkontrakten und einzelnen Optionsgeschäften als auch zwischen Forwardkontrakten und frei wählbaren Kombinationen dieser Optionsgeschäfte maßgeblich beeinflußt.

Eine vorläufige intuitive Abschätzung muß den Einfluß der Addition der durch beide Engagements induzierten Zahlungen auf den Erwartungswert der resultierenden Gesamtposition, ihre Kovarianz mit dem zu hedgenden Cash Flow und ihre Standardabweichung gegeneinander abwägen, wobei die qualitative Bewertung des Einflusses dieser Parameter auf die Hedgingperformance jeweils für sich betrachtet evident ist. Wir werden zeigen, daß sowohl der Erwartungswert als auch die Kovarianz für die Beurteilung der Hedgingqualitäten eines einzelnen Zahlungsanspruchs in Relation zu seiner Volatilität (Standardabweichung) zu setzen sind. Daraus folgt unmittelbar, daß eine synthetische Hedgeposition, deren einzelne Komponenten miteinander positiv korreliert sind und hinsichtlich Erwartungswert und Kovarianz übereinstimmen[14], von wenigstens einer dieser Komponenten dominiert wird, weil sich die Standardabweichung wenigstens einer Komponente gegenüber der synthetischen Gesamtposition um mehr als die Hälfte verringern muß (die Varianz der

14 Vorausgesetzt wird, daß der Erwartungswert und die Kovarianz der synthetischen Gesamtposition und damit auch die der einzelnen Komponenten entgegengesetzte Vorzeichen besitzen. Dies impliziert, daß jedes der insgesamt drei verfügbaren Geschäfte für sich genommen im erwarteten Mittel einen positiven Erlös verspricht.

Gesamtposition, deren Quadratwurzel die Standardabweichung ist, ergibt sich ja gerade aus der Summe der Einzelvarianzen vermehrt um die hier positive doppelte Kovarianz der Einzelpositionen), während sich die Erwartungswerte und Kovarianzen als lineare Maße gerade halbieren. Wir werden nachweisen, daß es Konstellationen gibt, in denen diese Überlegung auf die Dominanz eines einzelnen Optionsgeschäftes - unter Umständen auf der Stillhalterseite - führt. Obwohl eine abschließende Bewertung einen exakten Kalkül im Einzelfall erfordert, erscheint eine Synthese bei starrer Gewichtung der einzelnen Komponenten - gleichbedeutend mit dem Verzicht auf eine flexible Anpassung an die im Einzelfall vorliegende (positive) Höhe der Korrelation - aufgrund dieser Vorüberlegung generell wenig attraktiv, so daß der Forwardkontrakt im Lichte dieser ersten Annäherung an das Problem aus dem direkten Vergleich mit einem einzelnen Optionsgeschäft in der Tat als Verlierer hervorgeht.

Abschließend wird die vergleichende Analyse der Hedgingtauglichkeit von Optionen und Forwardkontrakten auf die spezifischen Situationen (a) ausschließlicher Verfügbarkeit auf fremde Währung lautender Kontrakte und (b) mit dem Hedginghorizont inkongruenter Laufzeiten der zur Verfügung stehenden Instrumente ausgedehnt.

In Situation (a) gilt unser Interesse der Identifikation geeigneter Hedgingmaßnahmen, wenn ausschließlich im Ausland gehandelte und in fremder Währung denominierte Hedginginstrumente verfügbar sind und wenn das Wechselkurs- und das Preisrisiko (in fremder Währung) miteinander konkurrieren. Wir gehen in unserer Analyse von der idealtypischen Annahme aus, die Konkurrenz - sie ist im Sinne entgegengesetzter Vorzeichen der Kovarianzen der entsprechenden Zufallsvariablen mit dem zu hedgenden Cash Flow zu verstehen - sei so ausgeprägt, daß eine Beeinflussung des Preisrisikos (in fremder Währung) durch den Abschluß ausländischer Forwardkontrakte ausgeschlossen ist. Es wird gezeigt, daß Verkaufsoptionen unter diesen Bedingungen im Gegensatz zu Forwardkontrakten die für das Hedging des Preisrisikos aus der Konkurrenz seitens des Wechselkursrisikos erwachsenden Komplikationen zu vermeiden helfen. Die folgende Situation mag zur Illustration dienen: Angenommen, der Preis in fremder Währung sei positiv mit dem zu hedgenden Cash Flow des

Unternehmens korreliert und das Unternehmen kaufe in der Erwartung, im Mittel unterdurchschnittliche Cash Flows durch Ausübungserlöse zumindest teilweise kompensieren zu können, auf fremde Währung lautende Verkaufsoptionen, dann impliziert eine negative Korrelation des Wechselkurses mit dem zu hedgenden Cash Flow, daß das Unternehmen erwarten darf, diese Ausübungserlöse im Mittel zu überdurchschnittlichen Wechselkursen in heimische Währung umtauschen zu können.

In Situation (b) kann die bei der Synthetisierung von Fixgeschäften durch europäische Optionen gegebene Variationsmöglichkeit der fixen zukünftigen Zahlung unter bestimmten Voraussetzungen an die stochastischen Wechselwirkungen zwischen den Zinsen für den Zeitraum zwischen vorzeitiger Liquidation und Fälligkeit einerseits und dem Marktpreis des Basistitels sowie dem Cash Flow des Unternehmens im Liquidationszeitpunkt andererseits zu einer Dominanz synthetischer Fixgeschäfte gegenüber entsprechenden originären Forwardgeschäften führen (originäre Forwardgeschäfte können nur zu "dem" Forward-Preis kontrahiert werden und determinieren insoweit die fixe zukünftige Zahlung durch Marktkonditionen).

1.2 Standortbestimmung

Historisch wurzelt das unter dem Begriff Hedging verbreitete Gedankengut im Bereich der Agrarökonomie[15] [16]. Dementsprechend orientieren sich die frühen Beiträge der Literatur zum Thema Hedging typischerweise an der Situation der Landwirte auf der einen und der Verarbeiter agrarischer Produkte auf der anderen Seite, die beide das Risiko schwankender Preise für Erzeugnisse, deren "Erstellung" verhältnismäßig lange Zeit in Anspruch nimmt, eingrenzen oder ausschließen wollen und sich zu diesem Behufe des Instrumentes Termingeschäft[17] bedienen. Somit waren stets eindeutig identifizierbare Preisrisiken Gegenstand der Betrachtung, deren Ausschluß durch entsprechende Terminmarktengagements unproblematisch erschien. Vor dem Hintergrund dieser Ausgangssituation erklärt sich die Bedeutung der oft gewürdigten Beiträge von

---

15 Dies mag auch der Grund dafür sein, daß man das Motiv der Begrenzung von Risiken mit der Metapher der Errichtung einer Hecke in Verbindung brachte.

16 Ausführungen erwähnenswerten Umfangs zur Entwicklung dieses Gedankenguts finden sich bei *Ederington, L. H.*, The hedging performance of the new futures markets, JOURNAL OF FINANCE 34 (1979), 157 - 170 und *Wardrep B. N. und Buck J. F.*, The Efficacy of Hedging with Financial Futures: A Historical Perspective, JOURNAL OF FUTURES MARKETS 2 (1982), 243 - 254

17 Das angelsächsische Analogon für den Oberbegriff Termingeschäft, der auf das zeitliche Auseinanderfallen von Vertragsabschluß und -erfüllung abhebt, ist "futures contract"; vgl. z.B. *Johnson, L. L.*, The theory of hedging and speculation in commodity futures, REVIEW OF ECONOMIC STUDIES 27 (1960), 139 - 151, hier S. 139. Dies dürfte die Ursache dafür sein, daß begrifflich nicht immer strikt zwischen Forwardkontrakten, die vor ihrer Fälligkeit keinerlei Zahlungswirksamkeit besitzen, und Futureskontrakten, die sich von den Forwardkontrakten in erster Linie durch die tägliche Abrechnung von Kursdifferenzen unterscheiden, differenziert wird. Die Auswirkungen dieses Unterschieds auf die jeweilige Bewertung behandeln *Cox, J. C., Ingersoll, J. E., jr., and S. A. Ross*, The relationship between forward prices and futures prices, JOURNAL OF FINANCIAL ECONOMICS 9 (1981), 321 - 346 sowie *Jarrow, R. A. and G. S. Oldfield*, Forward contracts and futures contracts, JOURNAL OF FINANCIAL ECONOMICS 9 (1981), 373 - 382 und *Wilhelm, J.*, Arbitrage Theory, Berlin - Heidelberg et al. 1985, S. 96 - 99

WORKING[18], der zunächst den Verbleib des Basisrisikos - als Basis bezeichnet man die Differenz zwischen Termin- und Kassapreis - beim Hedger konstatierte[19] und in der daraus folgenden Zwangsläufigkeit von Risiko auch in einer "gehedgten" Position einen Anlaß sah, die Hedgingentscheidung nicht mehr ausschließlich unter Risikovermeidungsaspekten sondern auch unter dem Aspekt der Gewinnerzielungsabsicht zu betrachten[20]. Damit war der Einzug des auf MARKOWITZ[21] zurückgehenden Ansatzes zur Bestimmung optimaler Portefeuilles unter Ertrags- und Risikoaspekten vorgezeichnet. Es wird JONHSON[22] und STEIN[23] zugeschrieben, ihn als erste im Hedgingkontext verwendet zu haben. Bis in die jüngere Vergangenheit wurde die Portfolio Selection Theory in der Literatur zum Hedging allerdings lediglich zur Bestimmung des optimalen Kontraktvolumens eines einzigen Hedginginstrumentes eingesetzt. Während die Bestimmung optimaler *Hedgeportefeuilles* im Rahmen auf die einzelwirtschaftliche Hedgingentscheidung abstellender Beiträge zuerst von

---

18 Vgl. *Working, H.,* Futures trading and hedging, AMERICAN ECONOMIC REVIEW 43 (1953), 314 - 343 und derselbe, Hedging Reconsidered, JOURNAL OF FARM ECONOMICS (1953), 544 - 561

19 Bei Warenterminkontrakten wird die Basis maßgeblich durch Unterschiede zwischen der dem Terminpreis zugrundeliegenden Standardqualität einer Ware und der tatsächlich produzierten bzw. benötigten Qualität ergänzt durch Wahlrechte in Bezug auf den Lieferort bestimmt.

20 Typisch für diesen Aspekt ist das in der Praxis sogenannte "arbitrage hedging", eine Kombination von Transaktionen (ähnlich dem "Swappen" von Devisenengagements), die auf eine bestimmte Basisänderung spekuliert; verwandt auch das "riding on the yield curve". Zum Arbitrage-Hedging und anderen Hedging-Formen vgl. *Goss, B. A. and B. S. Yamey* (eds.), The economics of futures trading, 2. Aufl., London and Basingstoke 1978, insb. S. 18 - 22.

21 Vgl. *Markowitz, H.*, Portfolio Selection, JOURNAL OF FINANCE 8 (1953), 77 - 91

22 Vgl. *Johnson, L. L.*, The theory of hedging and speculation in commodity futures, REVIEW OF ECONOMIC STUDIES 27 (1960), 139 - 151

23 Vgl. *Stein, J. L.*, The simultaneous determination of spot and futures prices, AMERICAN ECONOMIC REVIEW 51 (1961), 1012 - 1025

ANDERSON UND DANTHINE[24] thematisiert wurde, sind diese in der Kapitalmarkttheorie schon seit geraumer Zeit Gegenstand der Betrachtung. Zunächst erkannte MAYERS[25], daß sich optimale Portefeuilles unter Berücksichtigung risikobehafteten nicht marktfähigen Einkommens im klassischen Zwei - Zeitpunkte - Modell der Kapitalmarkttheorie um eine additive Komponente von denjenigen unterscheiden, die bei Vernachläßigung des nichtmarktfähigen Einkommens optimal wären. Später gelang BRITO[26] eine eindeutige Qualifikation dieser Komponente als das Portfeuille, welches die maximal mögliche Reduktion des aus dem nicht marktfähigen Einkommen resultierenden Risikos bewirkt. Er bezeichnet diese Portefeuillekomponente daher als "corrective" portfolio (Anführungsstriche im Original)[27]. Diese Entdeckung ist der Ausgangspunkt der von ihm formulierten Erweiterung des Zwei - Fonds - Separationstheorems der Kapitalmarkttheorie auf ein Drei - Fonds - Separationstheorem. Gleichzeitig markiert sie einen Endpunkt für die in der Literatur zum Hedging immer wieder aufkeimende Diskussion über die Klassifikation von Hedgern und Spekulanten, indem sie offenlegt, daß nutzenmaximierendes Verhalten durch die Verquickung der Motive Gewinnerzielungsabsicht und weitestgehende Risikovermeidung charakterisiert ist[28]. Eine Erweiterung

---

24 Vgl. *Anderson R. W. and J.- P. Danthine*, Cross Hedging, JOURNAL OF POLITICAL ECONOMY 89 (1981), 1182 - 1196. Von Cross Hedging spricht man, wenn der Gegenstand der hedgingmotivierten Terminkontraktvereinbarung materiell nicht mit dem ursächlichen Risiko übereinstimmt.

25 *Mayers, D.*, Nonmarketable assets and capital market equilibrium under uncertainty, in: M. C. Jensen (ed.), Studies in the Theory of Capital Markets, New York - Washington - London 1972, 223 - 248

26 Vgl. *Brito , N. O.*, Marketability restrictions and the valuation of capital assets under uncertainty, JOURNAL OF FINANCE 32 (1977), 1109 - 1123

27 Ebenda S. 1111. Ein Hinweis auf dieses Ergebnis findet sich bei *Wilhelm, J.*, Arbitrage Theory, Berlin - Heidelberg et al., S. 29

28 Darauf verweist u.a. *Spremann, K.*, Produktion, Hedging, Spekulation - Zu den Funktionen von Futures - Märkten, ZEITSCHRIFT FÜR BETRIEBSWIRTSCHAFTLICHE FORSCHUNG 38 (1986), 443 - 464, hier S. 450, in einem der raren deutschsprachigen Beiträge, die die Hedgingproblematik im Lichte der Portefeuilletheorie behandeln. Hierzu zählt auch *Zwirner, T.*, Devisenkursrisiko, Unternehmen und Kapitalmarkt, Wiesbaden 1989

dieser Überlegungen findet sich in dynamischen Ansätzen der Kapitalmarkttheorie[29], die zu einer Portefeuillegestaltung mit mehr als drei Fonds führen, da jeweils jenes Risiko berücksichtigt - "gehedgt" - wird, das aus zukünftigen Änderungen der Investitionsmöglichkeiten - z. B. stochastischer Zinssätze - entsteht.

Für die dieser Arbeit zugrundeliegende Konzeption der effizienten Steuerung des Cash Flow Risikos sind diese Erkenntnisse von unmittelbarer Bedeutung, da der Individualkalkül der anlagesuchenden Wirtschaftssubjekte bei MAYERS und BRITO mit dem Hedgingproblem eines Unternehmens im Sinne der vorliegenden Arbeit strukturgleich ist, wenn man den nicht dispositiven Cash Flow des Unternehmens hier an die Stelle des nicht marktfähigen Einkommens dort treten läßt.

Der Hedgingkontext erfordert jedoch eine deutliche Akzentverschiebung. Die Absicht, einen in der Praxis implementierbaren Ansatz zu entwerfen, läßt zum einen das Bestreben um weitestgehende Allgemeinheit, d. h. insbesondere den Verzicht auf restriktive Annahmen über die zulässige Anzahl verschiedener stochastischer Einflüsse, und zum anderen eine möglichst instruktive Beschreibung der Struktur eines optimalen Hedgeportefeuilles und daraus abzuleitender Erlös - Risiko - Profile in den Vordergrund rücken. Im Rahmen der schrittweise erfolgenden Komposition eines Hedgeportefeuilles versprechen solche Profile als Sollvorgaben einen Beitrag zur Strukturierung der Suche nach geeigneten Instrumenten zu leisten.

Im Gegensatz zu der oben skizzierten langen Tradition, die die theoretisch fundierte Analyse des optimalen Einsatzes von Forwardkontrakten zu Hedgingzwecken in der angelsächsischen Literatur besitzt, sind uns konzeptionell geschlossene Ansätze zum Hedging mit Optionen nicht bekannt.

---

29 Vgl. *Long, J. B.*, Consumption-investment decisions and equilibrium in the securities markets, in: M. C. Jensen (ed.), Studies in the Theory of Capital Markets, New York - Washington - London 1972, 146 - 222; *Merton, R. C.*, An intertemporal asset pricing model, ECONOMETRICA 41 (1973), 867 - 887 sowie *Wilhelm, J.*, Finanztitelmärkte und Unternehmensfinanzierung, Berlin - Heidelberg - New York 1983

Den folgenden Überlegungen liegt die Vorstellung eigenveranwortlich handelnder Risikomanager zu Grunde, die gehalten sind, jederzeit einen Kalkül aufmachen zu können, mit dem sie die Einhaltung der von der Unternehmensleitung dekretierten Sollvorgaben auf der Grundlage subjektiver bzw. teils subjektiver und teils ebenfalls von der Unternehmensleitung vorgegebener parametrisierter Erwartungen nachweisen. Die auf diesem Wege angestrebte intersubjektive Nachprüfbarkeit der Angemessenheit von Hedgingengagements ist im Grunde eine unverzichtbare Voraussetzung für die Delegation des Risikomanagement durch die Unternehmensleitung.

Die nachfolgend formalisierte Risikomanagementkonzeption beschränkt sich dabei auf die Steuerung der Varianz des Cash Flow eines Unternehmens in dem Zeitpunkt, der das Ende des Hedginghorizontes markiert. Um nicht von vorneherein komplexe dynamische Strategien theoretisch erforderlich zu machen, werden zwischenzeitliche umsatzbedingte Zahlungen so behandelt, als gingen sie erst am Ende des Hedginghorizontes ein.

Die Steuerung der Risikoposition erfolgt im Betrachtungszeitpunkt durch Engagements in Hedginginstrumenten, deren Zahlungswirksamkeit, wie es im Falle von Forwardkontrakten institutionell bedingt ist, auf diesen einen zukünftigen Zeitpunkt beschränkt ist oder durch zeitliche Verlagerung mit Hilfe geeigneter Finanzierungs- oder Kapitalanlagetransaktionen auf dem Markt für nominal risikolose Zahlungen auf diesen Zeitpunkt gebündelt wird.

2.1 Zur Angemessenheit eines sequentiellen Problemlösungsverhaltens bei gegebener Auswahl von Hedinginstrumenten

Die Ausführungen dieses Kapitels basieren auf der Annahme, sämtliche Hedginginstrumente i der Alternativenmenge $H = \{ 1, \ldots , n \}$ seien bereits bestimmt und durch die im hedgingrelevanten Zeitpunkt T mit ihnen verbundenen Nettozahlungen Z_i ($i \in H$) charakterisiert. Vor dem Hintergrund einer Anwendung des (μ,σ) - Prinzips sind prinzipiell nur die nachfolgend aufgeführten Informationen erforderlich:

(a) die Erwartungswerte der Zahlungen, repräsentiert durch den Vektor[30] $E(Z) = (E(Z_1), \ldots , E(Z_n))'$,

(b) die Varianz Kovarianz Matrix $COV(Z,Z) := E\{(Z-E(Z))\cdot(Z-E(Z))'\}$ der Zahlungen mit den einzelnen Elementen $\sigma_{ij} = E\{(Z_i-E(Z_i))\cdot(Z_j-E(Z_j))\}$

sowie

(c) die Kovarianzen[31] der Zahlungen mit dem Cash Flow C des betrachteten Unternehmens $COV(Z, C) := E\{(C-E(C))\cdot(Z-E(Z))\} = (cov(Z_1, C), \ldots, cov(Z_n, C))'$

(mit dem Superskript " ′ " wird die Transposition von Vektoren und Matrizen charakterisiert).

---

30 In der ganzen Arbeit wird soweit sinnvoll auf die Matrix-Vektor-Notation zurückgegriffen; dabei werden Vektoren als Spaltenvektoren aufgefaßt, so daß Zeilenvektoren als transponierte Spaltenvektoren erscheinen. Gelegentlich ist es notwendig, Vektoren oder Matrizen mit Zufallsgrößen als Komponenten zu betrachten. Die Erwartungswertbildung versteht sich dann komponentenweise.

31 Die Notation COV weist auf den Sachverhalt hin, daß im Gegensatz zur gewöhnlichen Kovarianz cov zwischen skalaren Zufallsgrößen wenigstens eines der beiden Argumente ein Zufallsvektor ist.

Effizientes Risikomanagement liegt nun in unserer Vorstellung vor, wenn es das folgende Problem der Maximierung des erwarteten Cash Flow unter Wahrung einer Risikorestriktion löst[32]:

Unter Einschluß der Hedgingengagements - der Instrumente effizienten Risikomanagements - , die im Hedgeportefeuille x zusammengefaßt werden, summiert sich der gesamte Cash Flow des Unternehmens zu

$$C + x'Z$$

Der Erwartungswert ist daher

$$E(C) + x'E(Z),$$

wobei allerdings lediglich

$$c(x) := x'E(Z)$$

entscheidungsrelevant ist, da der Cash Flow C durch Maßnahmen des Risikomanagement nicht mehr variiert werden kann.

Die Varianz des gesamten Cash Flow rechnet sich zu

$$\mathrm{var}(C + x'Z) = \mathrm{var}(C) + 2x'\,\mathrm{COV}(C, Z) + \mathrm{var}(x'Z)$$

Von Entscheidungen des Risikomanagement beeinflußt wird allerdings nur der durch das Hedgeportefeuille x ausgelöste Zuwachs der Gesamtvarianz, der sich zu

---

32 Die Bedeutung von Erlösaspekten für das Hedging wird auch von *Howard, C. T. and L. J. D'Antonio,* A risk-return measure of hedging effectiveness, JOURNAL OF FINANCIAL AND QUANTITATIVE ANALYSIS 19 (1984), 101 - 112, betont. Allerdings formulieren sie das Hedgingproblem als solches der Maximierung der risikonormierten Überschußrendite einer gehedgten Position, womit eine aktive Risikosteuerung ausgeschlossen ist. Zudem ist ihre Untersuchung auf den Einsatz eines einzigen Hedginginstrumentes beschränkt.

$$var(C + x'Z) - var(C) = 2x' COV(C, Z) + var(x'Z)$$

rechnet.

Die oben bei der Definition effizienten Risikomanagements in Aussicht gestellte Risikorestriktion kann dann durch die folgende Menge B zulässiger Portefeuilles charakterisiert werden:

$$B := \{ x \in \Re^n \mid var(x'Z) + 2x' COV(C, Z) \leq \Delta R \leq 0 \}$$

Insgesamt ergibt sich daher das effizientes Risikomanagement charakterisierende Problem:

$$\max \{ c(x) \mid x \in B \} \qquad (1)$$

Die Beschränkungsmenge B operationalisiert dabei die Hedginganforderungen seitens der Unternehmensleitung, indem sie vorschreibt, daß sich die Varianz des Cash Flow durch die Ergänzung der Unternehmensposition um die durch das Hedgeportefeuille x repräsentierten Ansprüche bzw. Verpflichtungen des Unternehmens mindestens um den Betrag $|\Delta R|$ verringert.

An dieser Stelle sei nochmals angemerkt, daß das isolierte Risikomanagement einzelner leistungswirtschaftlich bedingter Transaktionen selbst dann unsinnig ist, wenn man die Möglichkeit der Saldierung offener Positionen ausschließt. Dies ist dann besonders offensichtlich, wenn eine einzelne, für sich betrachtet riskante, leistungswirtschaftlich bedingte Transaktion - sie erzeuge die unsichere Zahlung u - die Varianz des gesamten Cash Flow verringert. Aus den auf die Problemformulierung (1) hinführenden Ausführungen folgt unmittelbar, daß das Eintreten dieses Effektes an die Bedingung

$$corr(u, C) < -\frac{1}{2}\frac{std(u)}{std(C)}$$

geknüpft ist (corr(.,.) und std(.) stehen hier und künftig für den Korrelationskoeffizienten und die Standardabweichung von Zufallsvariablen).

Die isolierte Betrachtung einzelner leistungswirtschaftlich bedingter Transaktionen macht es unmöglich, zu erkennen, ob diese Transaktionen möglicherweise selbst bereits Hedgequalität besitzen.

Die Zulässigkeit positiver und negativer Portefeuillekomponenten $(x \in \Re^n)$ impliziert, daß sich jeder marktgehandelte Anspruch des Unternehmens durch Veräußerung in einen Anspruch an das Unternehmen transformieren läßt und daß die Ansprüche beliebig teilbar sind. Für die realtypisch betrachteten Instrumente - Forward- und Optionskontrakte - ist diese Annahme weitgehend zulässig.

Die Struktur des Problems ist

(a) durch die lineare Zielfunktion

und

(b) durch die unter der Voraussetzung $var(x'Z) > 0$ streng konvexe Beschränkungsmenge B

geprägt.

Dabei kann die Voraussetzung $var(x'Z) = x'COV(Z,Z)x > 0$ ohne Beschränkung der Allgemeinheit gemacht werden, da $x'COV(Z,Z)x = 0$ für $x \neq 0$ die Redundanz wenigstens eines Hedginginstrumentes impliziert, denn $x'COV(Z,Z)x = var(x'Z) = 0$ bedeutet $x'Z = const$ (fast sicher, d.h. mit Wahrscheinlichkeit 1); sei $x_i \neq 0$, dann gilt

$$Z_i = const - \sum_{j \neq i} \frac{x_j}{x_i} Z_j$$

d. h. Z_i läßt sich (fast sicher) als Linearkombination (d.h. als Portefeuille) der übrigen Instrumente und der risikofreien Anlageform darstellen. Im übrigen ist aber auch ohne diese Voraussetzung B konvex, wenn auch nicht notwendigerweise streng konvex.

Daß B mit diesen Annahmen streng konvex ist, läßt sich wie folgt zeigen:

Seien

$2\,\mathrm{cov}(x'Z, C) \; := \; l(x)$ ($l(x)$ ist eine *Linearform*)

$x'\mathrm{COV}(Z,Z)y \; := \; b_q(x, y)$ ($b_q(x, y)$ ist eine symmetrische *Bilinearform*)

und

$b_q(x, x) = x'\mathrm{COV}(Z,Z)x \; := \; q(x)$ ($q(x)$ ist eine *quadratische Form*)

dann gilt für alle $x_1, x_2 \in B$, $x_1 \neq x_2$ und $\alpha \in \,]0,1[$

$$q\big(\alpha x_1 + (1-\alpha)x_2\big) + l\big(\alpha x_1 + (1-\alpha)x_2\big) =$$

$$q\big(\alpha x_1 + (1-\alpha)x_2\big) + \alpha \cdot l(x_1) + (1-\alpha)\cdot l(x_2) <$$

$$\alpha\cdot q(x1) + (1-\alpha)\cdot q(x_2) + \alpha\cdot l(x_1) + (1-\alpha)\cdot l(x_2) =$$

$$\alpha\cdot\big(q(x_1) + l(x_1)\big) + (1-\alpha)\cdot\big(q(x_2) + l(x_2)\big) \leq \Delta R$$

Hierbei ist die positive Definitheit der quadratischen Form $q(x)$, d. h. $q(x) > 0$, hinreichende Voraussetzung für die Relation zwischen der zweiten und dritten Zeile[33].

Die Lösung des Problems kann mit Hilfe der Lagrangefunktion

$$L(x) := c(x) + \frac{1}{2}\lambda \; n(x) \tag{2}$$

mit $\lambda > 0$ und

$$n(x) = \Delta R - q(x) - l(x) \geq 0$$

bestimmt werden.

---

33 Das ist Gegenstand der sogenannten Schwarzschen Ungleichung:

Für $x_1 \neq x_2$ und $\alpha \neq 0$, $\alpha \neq 1$ gilt:

$\alpha(1-\alpha)\, q(x_1 - x_2) > 0$ und daher

$\alpha(1-\alpha)\, [\, q(x_1) - 2b_q(x_1, x_2) + q(x_2)\,] > 0$

$\alpha\, q(x_1) - \alpha^2 q(x_1) + \alpha\, q(x_2) - \alpha^2 q(x_2) > 2\alpha(1-\alpha) b_q(x_1, x_2)$

$\alpha q(x_1) + (1-\alpha) q(x_2) - (1-\alpha) q(x_2) - \alpha^2 q(x_2) + \alpha\, q(x_2) >$

$\alpha^2 q(x_1) + 2\alpha(1-\alpha) b_q(x_1, x_2)$

$\alpha q(x_1) + (1-\alpha) q(x_2) - [\, q(x_2) - 2\alpha\, q(x_2) + \alpha^2\, q(x_2)\,] >$

$\alpha^2 q(x_1) + 2\alpha(1-\alpha) b_q(x_1, x_2)$

d. h.

$$\alpha q(x_1) + (1-\alpha) q(x_2) > \alpha^2 q(x_1) + 2\alpha(1-\alpha) b_q(x_1, x_2) + (1-\alpha)^2 q(x_2)$$

$$= q(\alpha x_1 + (1-\alpha) x_2)$$

Aus der durch die lineare Zielfunktion und die streng konvexe Beschränkungsmenge determinierten Struktur des Problems folgt in Verbindung mit dem zentralen Separationssatz für konvexe Mengen in endlich dimensionalen Räumen[34], daß die Restriktion im Optimum bindend ist, d. h. daß $n(x^*) = 0$ gelten muß, falls $x^* \in \Re^n$ eine Lösung des oben formulierten Problems ist. Dies impliziert wegen

$$c(x) \leq L(x) \leq L(x^*) = c(x^*) \qquad (3)$$

daß ein x^*, welches die Lagrangefunktion maximiert, auch die Zielfunktion maximiert.

Ferner impliziert die strenge Konvexität der Beschränkungsmenge B

$$n\Big(\alpha \cdot x_1 + (1-\alpha) \cdot x_2\Big) > \alpha \cdot n(x_1) + (1-\alpha) \cdot n(x_2) \quad \text{für } x_1 \neq x_2 \ , \ \alpha \in \,]0,1[$$

und somit

$$L\Big(\alpha \cdot x_1 + (1-\alpha) \cdot x_2\Big) > \alpha \cdot L(x_1) + (1-\alpha) \cdot L(x_2) \ , \quad \alpha \in \,]0,1[$$

Mithin besitzt die Lagrangefunktion ein eindeutiges endliches Maximum[35], so daß die Bedingungen erster Ordnung hinreichend für ein Maximum von $L(x)$ und somit wegen (3) auch von $c(x)$ sind.

---

34 Vgl. *Franklin, Joel,* Methods of Mathematical Economics, New York - Heidelberg - Berlin 1980, S. 44 - 50

35 Vgl. *Heestermann, A.R.G.,* Matrices and simplex algorithms, Dordrecht - Boston - London 1983, S. 348

Aus den Bedingungen erster Ordnung erhält man unmittelbar folgende Lösung

$$x^* = COV(Z,Z)^{-1}\left(\frac{1}{\lambda}E(Z) - COV(Z,C)\right) \qquad (4)$$

Gleichung (4) entspricht nach einer Modifikation der zuerst von MAYERS[36] hergeleiteten Bestimmungsgleichung für optimale Portefeuilles von Wirtschaftssubjekten mit nicht marktfähigem Einkommen unter im übrigen mit denen des klassischen Kapitalmarktmodells identischen Annahmen. Die erforderliche Modifikation besteht in der Substitution des erwarteten Erlöses durch den erwarteten Überschuß über die Verzinsung zum Zinssatz für sichere Anlagen. Die Ursache für diese Diskrepanz besteht darin, daß wir auf eine Budgetrestriktion verzichten können, da die Konstruktion der Hedginginstrumente keine Auszahlung bei Kontraktabschluß erfordert. Unter Berücksichtigung dieser Abweichung in den Annahmen läßt der Vergleich mit Mayers´ Lösung ferner den Schluß zu, daß (4) ein optimales Portefeuille beschreibt, wenn der Faktor $0{,}5 \cdot \lambda$ der Grenzrate der Substitution von erwartetem Erlös und Risiko im Nutzenoptimum, d. h. der im Falle einer marginalen Erhöhung des Risikos im Optimum zur Aufrechterhaltung des erreichten Nutzenniveaus erforderlichen Erhöhung des erwarteten Erlöses, entspricht.

Auf BRITO[37] geht die Erkenntnis zurück, daß die Portefeuillestruktur (4) mit einem sequentiellen Problemlösungsverhalten korrespondiert. Danach zerfällt die Lösung des ursprünglichen Problems (1) in die Bestimmung eines Portefeuilles ξ_1^*, welches die für eine gegebene Alternativenmenge von Hedginginstrumenten maximal mögliche Risikoreduktion gewährleistet, und eines im üblichen Sinne effizienten Portefeuilles ξ_2^*, welches den erwarteten Erlös unter Einhaltung (und Ausnutzung) des durch das Portefeuille ξ_1^* geschaffenen spekulativen Spielraumes, das ist der Betrag, um den die durch das Por-

---

36 Vgl. *Mayers, D.*, Nonmarketable assets ... loc. cit., S. 240 Gleichung (60)

37 Vgl. *Brito , N. O.*, Marketability restrictions ... loc. cit., insb. S. 1110 - 1114

tefeuille ξ_1^* erreichte Risikoreduktion die entsprechende Sollvorgabe ΔR übersteigt, maximiert. Diese Vorstellung impliziert offensichtlich, daß die Lösung des ursprünglichen Problems die Existenz eines Portefeuilles ξ_1^* voraussetzt, das einen solchen Spielraum zu verschaffen vermag. Schließlich werden die beiden Portefeuilles ξ_1^* und ξ_2^* zum Portefeuille x^* zusammengefaßt.

Formal stellt sich das sequentielle Lösungsverhalten wie folgt dar:

$$\xi_1^* = - COV(Z,Z)^{-1} COV(C,Z) \qquad (5)$$

löst die Minimierungsaufgabe $var(C + \xi_1' Z) - var(C) \rightarrow min!$

gleichbedeutend mit

$$var(\xi_1' Z) + 2\, \xi_1' COV(C, Z) \rightarrow min!$$

Die Kovarianz der aus dem Portefeuille ξ_1^* resultierenden Zahlungen mit dem Cash Flow des Unternehmens rechnet sich zu

$$cov(\xi_1^{*\prime} Z, C) = - COV(C,Z)' COV(Z,Z)^{-1} COV(C,Z) < 0 ; \qquad (6)$$

für ihre Varianz erhält man

$$var(\xi_1^{*\prime} Z) = COV(C,Z)' COV(Z,Z)^{-1} COV(Z,Z) COV(Z,Z)^{-1} COV(C, Z)$$

$$= COV(C,Z)' COV(Z,Z)^{-1} COV(C, Z) \qquad (7)$$

Durch Hinzufügen des Portefeuilles ξ_1^* zum originären Cash Flow C wird die Varianz der Gesamtposition um

$$\mathrm{var}(\xi_1^{*\prime} Z) + 2\,\mathrm{cov}(\xi_1^{*\prime} Z, C) = -\,\mathrm{COV}(C,Z)'\,\mathrm{COV}(Z,Z)^{-1}\mathrm{COV}(C,Z) \qquad (8)$$

reduziert.

Daraus ergibt sich ein spekulativer Spielraum in Höhe von

$$\mathrm{COV}(C,Z)'\,\mathrm{COV}(Z,Z)^{-1}\mathrm{COV}(C,Z) + \Delta R\,, \qquad (9)$$

der in Gewinnerzielungsabsicht wie folgt genutzt wird :

$$\max \{\, \xi_2' E(Z) \mid \mathrm{var}(\xi_2' Z) \leq \mathrm{COV}(C,Z)'\,\mathrm{COV}(Z,Z)^{-1}\mathrm{COV}(C,Z) + \Delta R \,\} \qquad (10)$$

Maximierung der Lagrangefunktion

$$L(\xi_2) = c(\xi_2) + \frac{1}{2}\lambda\ r(\xi_2)$$

mit der Restriktionsfunktion

$$r(\xi_2) = \mathrm{COV}(C,Z)'\mathrm{COV}(Z,Z)^{-1}\mathrm{COV}(C,Z) + \Delta R - \mathrm{var}(\xi_2' Z)$$

führt analog zur Herleitung von (4) auf die Lösung

$$\xi_2^* = \frac{1}{\lambda} \; COV(Z,Z)^{-1}E(Z) \qquad (11)$$

Aufgrund von Überlegungen zur mathematischen Struktur des Problems wissen wir bereits, daß der spekulative Spielraum ausgeschöpft wird, d. h. daß $r(\xi_2^*) = 0$ gelten muß. Einsetzen von ξ_2^* in $r(\xi_2^*) = 0$ führt auf

$$\left(\frac{1}{\lambda}\right)^2 = \frac{COV(C,Z)'COV(Z,Z)^{-1}COV(C,Z) + \Delta R}{E(Z)'COV(Z,Z)^{-1}E(Z)} \qquad (12)$$

Wie man unschwer nachprüft, führt das Einsetzen von x^* in die Bedingung $n(x^*) = 0$ ebenfalls auf Gleichung (12). Damit ist die Gültigkeit von

$$x^* = \xi_1^* + \xi_2^* \qquad (13)$$

bewiesen.

Wir haben bereits oben allgemein nachgewiesen, daß das Portefeuille

$$\xi_1^* = - COV(Z,Z)^{-1}COV(C,Z) \; ,$$

fügt man die aus ihm fließenden Zahlungen dem Cash Flow C hinzu, zur maximal möglichen Reduktion der Gesamtvarianz führt. Da man den Cash Flow für geeignete α, ε stets

$$C = \alpha' Z + \varepsilon \qquad (14)$$

schreiben kann, besitzt diese Eigenschaft die besonders anschauliche Implikation:

$\alpha^* = -\xi_1^*$ löst die Minimierungsaufgabe $\text{var}(\varepsilon) = \text{var}(C - \alpha' Z) \rightarrow \min$!

Somit gilt für $C = \alpha^{*\prime} Z + \varepsilon^*$

$$\text{var}(C + \xi_1^{*\prime} Z) = \text{var}(\varepsilon^*) = \min \{ \text{var}(C - \alpha' Z) \mid \alpha \in \Re^n \}$$

$$= \min \{ \text{var}(C + \xi' Z) \mid \xi \in \Re^n \}$$

Man kann demnach Risikominimierung mit einem Gedankenexperiment in Verbindung bringen, welches in der Entwicklung einer bestimmten Vorstellung vom Zustandekommen des Cash Flow besteht: man suche nach einer Zusammensetzung, die den Cash Flow als durch eine Residualkomponente ergänzten Saldo hypothetischer "offener Positionen" erklärt, so daß das unvermeidliche Residualrisiko durch das "Glattstellen" der offenen Positionen mit Hilfe der verfügbaren Hedginginstrumente minimiert wird. Diese Vorstellung erscheint im Kontext der vorliegenden Arbeit durchaus naheliegend, da wir den Cash Flow als Aggregat definiert haben.

Die gesuchte Linearkombination, deren Gegenposition (formal betrachtet erhält man die "Gegenposition" durch Multiplikation mit (-1)) gerade das varianzminimierende Hedgeportefeuille repräsentiert, minimiert nicht nur die Varianz der Residualkomponente, sie gewährleistet vielmehr auch, daß sich der (eliminierbare) Anteil der Hedginginstrumente an der Cash-Flow-Varianz eindeutig von dem (nicht eliminierbaren) Anteil der Residualgröße separieren läßt; es gilt nämlich:

$$\text{cov}(\alpha^{*\prime}Z, \varepsilon^*) = \text{cov}(\alpha^{*\prime}Z, C) - \text{var}(\alpha^{*\prime}Z) = 0$$

und mithin

$$var(C) = var(\alpha^{*\prime} Z + \varepsilon^*) = var(\alpha^{*\prime}Z) + var(\varepsilon^*)$$

Die Varianz des Cash Flow wird also exakt um den Betrag $var(\alpha^{*\prime}Z)$ - das ist das Risiko der vormals offenen nunmehr glattgestellten hypothetischen Positionen aus unserem Gedankenexperiment - reduziert.

Das Gedankenexperiment besitzt erhebliche Bedeutung für die Praktikabilität der oben dargelegten Risikomanagementkonzeption, weil es erkennen läßt, daß man bei der Bestimmung der Portefeuillekomponente, die die maximale Risikoreduktion gewährleistet, an die Regressionsanalyse anknüpfen kann. Insbesondere gilt mit $cov(\alpha^{*\prime}Z,\varepsilon^*) = 0$ auch $cov(Z,\varepsilon^*) = 0$ für $\alpha^* \neq 0$, womit eine wesentliche Bedingung für die BLUE - Eigenschaft[38] grundlegender Schätzfunktionen des klassischen multiplen Regressionsmodells - das sind diejenigen für die Parameter $\alpha^* = -\xi_1^*$ und $var(\varepsilon^*)$[39] - erfüllt ist[40].

Der Schätzfunktion für $var(\varepsilon^*)$ kommt für die Beantwortung der Frage, ob eine gegebene Alternativenmenge von Hedginginstrumenten ein hinreichend großes Risikoeliminationspotential bereitstellt und, wenn ja, wie groß der mit ihr zu schaffende spekulative Spielraum ist, maßgebliche Bedeutung zu. Wir erinnern daran, daß die Varianz der gesamten Unternehmensposition durch das Hinzufügen des varianzminimierenden Hedgeportefeuilles um den Betrag

---

38 Aus der Aufzählung sämtlicher Attribute dieses Schätzers hat sich das Akronym BLUE für best (im Sinne von varianzminimal) linear unbiased estimator entwikkelt.

39 Vgl. *Frohn, J.*, Grundausbildung in Ökonometrie, Berlin - New York 1980, S. 47 - 56

40 Ebenda, S. 25

$$|\mathrm{cov}(\xi_1^{*\prime} Z, C)| = \mathrm{cov}(\alpha^{*\prime} Z, C) = \mathrm{var}(\alpha^{*\prime} Z) = \mathrm{var}(C) - \mathrm{var}(\varepsilon^*) \qquad (15)$$

reduziert wird, und daß eine Lösung des Hedgingproblems (1) nur existiert, wenn die so bewirkte maximal mögliche Varianzreduktion - sprich: das Risikoeliminationspotential - die mindestens geforderte Varianzreduktion ΔR übersteigt, d. h. wenn (definitionsgemäß gilt $\Delta R < 0$)

$$SpS := \mathrm{var}(C) - \mathrm{var}(\varepsilon^*) + \Delta R > 0$$

gilt.

Effizienz im Sinne der vorliegenden Arbeit ist durch ein sequentielles Problemlösungsverhalten charakterisiert, wonach man das Risiko der gesamten Unternehmensposition, nachdem man es zuvor minimiert hat, anschließend exakt um den Betrag SpS erhöht, um im Rahmen des Zulässigen möglichst hohe erwartete Erlöse zu erzielen. Diesen Sachverhalt haben wir zum Anlaß genommen, SpS als spekulativen Spielraum zu bezeichnen.

Gleichung (15) legt nahe, das Risikoeliminationspotential bzw. den spekulativen Spielraum aus der Differenz der Stichprobenvarianzen des Cash Flow und der Regressionsresiduen (erwartungstreu) zu schätzen, da die Regressionsanalyse gerade in der Lösung des Problems ($\mathrm{var}_S(.)$ steht für Stichprobenvarianz[41])

$$\mathrm{var}_S(\varepsilon) = \mathrm{var}_S(C - \alpha' Z) \rightarrow \min !$$

für über einen bestimmten Zeitraum in der Vergangenheit beobachtete Realisationen von C und Z besteht.

---

41 Nähere Erläuterungen zu den statistischen Konzepten "Stichprobenvarianz" und "Erwartungstreue" finden sich in den Kapiteln 4 und 4.1 .

2.2 Das Problem der Auswahl potentieller Hedginginstrumente

Für den Fall, daß die Alternativenmenge zulässiger Hedginginstrumente exogen vorgegeben wird, erscheint unsere Risikomanagementkonzeption durch die bisherigen Ausführungen hinlänglich charakterisiert. Ein wesentliches Problem ihrer praxisgerechten Umsetzung ist allerdings gerade in der Bestimmung der Elemente dieser Menge zu sehen; deren Anzahl ist zu beschränken, da davon auszugehen ist, daß die Kosten der Informationsbeschaffung überproportional mit jedem neuen Element zunehmen[42]. Zur Operationalisierung der Suche nach geeigneten Hedginginstrumenten ist nach dem Beitrag einzelner Hedginginstrumente zur Hedgingperformance eines Portefeuilles zu fragen. Die Hedgingperformance eines Portefeuilles bestimmt sich - dem oben entworfenen Zwei-Phasen-Konzept des Risikomanagements entsprechend - primär nach dem Risikoeliminationspotential und sekundär nach dem erwarteten Erlös der effizienten Nutzung des aus einer Übererfüllung der Risikorestriktion resultierenden spekulativen Spielraumes.

Zunächst werden wir uns allerdings unter Verzicht auf die Behandlung spezifischer Probleme der Komposition geeigneter Hedge*portefeuilles* der Entscheidungssituation eines Hedgers, der von vorneherein nur ein einziges Hedgingengagement in Betracht zieht, zuwenden. Diese Vereinfachung sorgt für Transparenz und erscheint daher in besonderem Maße auf die durch ein wenig entwickeltes Berichtsystem gekennzeichnete Anlaufphase eines operationalen Risikomanagement zugeschnitten. Die von diesem Sachverhalt ausgehende akzeptanzfördernde Wirkung dürfte die Chancen einer Realisation der hier vorgeschlagenen Konzeption nachhaltig verbessern.

---

42 Man bedenke, daß jedes neu hinzukommende Element nicht nur die Kenntnis der Varianz und der Kovarianz des Erlöses des betreffenden Hedginginstrumentes mit dem Cash Flow, sondern auch die Bestimmung der Kovarianzen mit allen anderen Hedginginstrumenten erfordert.

2.2.1 Die alternative Würdigung einzelner Hedginginstrumente

Es erscheint naheliegend, in einer Situation, in der von einem Zwei-Phasen-Konzept nicht recht mehr die Rede sein kann, die beiden Phasen insofern zu verschmelzen, als man eine Vorauswahl trifft, die nur solche Instrumente h berücksichtigt, die auf der einen Seite

(a) die Sollvorgabe hinsichtlich der geforderten Risikoreduktion überschreiten, d. h. die Bedingung

$$|\operatorname{corr}(Z_h,C)| > \sqrt{\frac{|\Delta R|}{\operatorname{var}(C)}} \qquad (16)$$

erfüllen - wir werden diese Anforderung nachfolgend mit dem Begriff *Risikoadäquanz* adressieren - , und auf der anderen Seite

(b) einen positiven Hedgingerlös erwarten lassen. Diese Bedingung ist im Falle eines einzigen Hedginginstrumentes - wie nachfolgend gezeigt wird - gleichbedeutend mit[43]:

$$\operatorname{sgn}(\operatorname{corr}(Z_h,C)) = -\operatorname{sgn}(E(Z_h)). \qquad (17)$$

Ist die Anzahl der Hedginginstrumente auf 1 beschränkt, so erhält man durch Einsetzen der Lösung (4) des Hedgingproblems (1)

---

43 Wir erinnern an die Definition der Vorzeichenfunktion:

$$\operatorname{sgn}(x) = \begin{cases} +1 & \text{für } x > 0 \\ 0 & \text{für } x = 0 \\ -1 & \text{für } x < 0 \end{cases}$$

$$c(x^*) = x^{*\prime} E(Z) =$$

$$\mathrm{std}(C)\left\{+\sqrt{\left(\mathrm{corr}(Z,C)^2 + \frac{\Delta R}{\mathrm{var}(C)}\right)\cdot\left(\frac{E(Z)^2}{\mathrm{var}(Z)}\right)} - \frac{\mathrm{corr}(Z,C)\cdot E(Z)}{\mathrm{std}(Z)}\right\} =$$

$$\mathrm{std}(C)\left\{\frac{|E(Z)|}{\mathrm{std}(Z)}\left(+\sqrt{\mathrm{corr}(Z,C)^2 + \frac{\Delta R}{\mathrm{var}(C)}}\right) - \frac{\mathrm{corr}(Z,C)\cdot E(Z)}{\mathrm{std}(Z)}\right\} =$$

(18)

$$\mathrm{std}(C)\,\frac{|E(Z)|}{\mathrm{std}(Z)}\left\{+\sqrt{\mathrm{corr}(Z,C)^2 + \frac{\Delta R}{\mathrm{var}(C)}} - \mathrm{sgn}(E(Z))\cdot\mathrm{corr}(Z,C)\right\}$$

Somit ist $c(x^*) > 0$ äquivalent mit $E(Z) \neq 0$ und

$$+\sqrt{\mathrm{corr}(Z,C)^2 + \frac{\Delta R}{\mathrm{var}(C)}} > \mathrm{sgn}(E(Z)) \cdot \mathrm{corr}(Z,C)$$

bzw.

$$+\sqrt{1 + \frac{\Delta R}{\mathrm{var}(C)\cdot\mathrm{corr}(Z,C)^2}} > \mathrm{sgn}(E(Z)) \cdot \mathrm{sgn}(\mathrm{corr}(Z,C))$$

Diese Bedingung ist für $\Delta R \leq 0$ (dann ist der Wurzelausdruck kleiner oder gleich eins) und $E(Z) \neq 0$ offensichtlich dann und nur dann erfüllt, wenn

$$\operatorname{sgn}(\operatorname{corr}(Z,\ C)) \quad = \quad -\ \operatorname{sgn}(E(Z))$$

gilt, d. h. wenn die Korrelation des Nettoliquidationserlöses des Hedginginstrumentes mit dem Cash Flow des Unternehmens ein anderes Vorzeichen hat als der Erwartungswert des Nettoliquidationserlöses des Hedginginstrumentes.

Für den Grenzfall $\Delta R = 0$, dem wir die Bezeichnung "risikoneutrales Trading" beilegen, da es semantisch unangemessen erscheint, in diesem Fall noch von Hedging zu reden, läßt

$$c(x^*) \quad = \quad \operatorname{std}(C)\ \frac{|E(Z)|}{\operatorname{std}(Z)} \left\{ |\operatorname{corr}(Z,C)| - \operatorname{sgn}(E(Z)) \cdot \operatorname{corr}(Z,C) \right\} \quad =$$

$$\operatorname{std}(C)\ \frac{|E(Z)|}{\operatorname{std}(Z)} \begin{cases} 0 & \text{für } \operatorname{sgn}(E(Z)) = \operatorname{sgn}(\operatorname{corr}(Z,C)) \\ 2 \cdot |\operatorname{corr}(Z,C)| & \text{sonst} \end{cases}$$

unmittelbar erkennen, daß (b) eine notwendige Voraussetzung dafür ist, sich überhaupt zu engagieren.

Zwischen zwei Hedginginstrumenten x, y, die die Voraussetzungen (a) der Risikoadäquanz und (b) eines positiven Erwartungswertes für den Hedgingerlös erfüllen, können wir gemäß (18) die folgende Dominanzbeziehung einführen[44]:

---

44 Es gelte die übliche Betrachtungsweise für die Ordnung von Vektoren: " $\geq$ " steht für die $\geq$ - Beziehung zwischen allen Komponenten; " $>$ " steht für die $\geq$ - Beziehung in allen und die $>$ - Beziehung in wenigstens einer Komponente.

$$x > y \quad \Leftrightarrow \quad \left[\frac{|corr(Z_x,C)|}{\frac{|E(Z_x)|}{std(Z_x)}}\right] > \left[\frac{|corr(Z_y,C)|}{\frac{|E(Z_y)|}{std(Z_y)}}\right] \qquad (19)$$

x ist nach den oben stehenden Überlegungen jedenfalls immer dann y vorzuziehen, wenn die Relation x > y zutrifft. Anhand dieses Kriteriums kann eine Negativauswahl dominierter Alternativen erfolgen, d. h. solcher Alternativen y, zu denen es eine dominierende Alternative x mit x > y gibt.

2.2.2 Die sukzessive Würdigung einzelner zusätzlicher Hedginginstrumente

2.2.2.1 Die Konstruktion synthetischer Indices

Wenn mehrere Hedginginstrumente zu einem Hedgeportefeuille zusammengestellt werden sollen, wird es erheblich schwieriger, Orientierungshilfen für die Identifikation geeigneter Instrumente zu geben, weil der Einfluß einzelner Hedginginstumente auf die Hedgingperformance im obigen Sinne wegen der erforderlichen Berücksichtigung der Auswirkungen stochastischer Wechselwirkungen mit anderen Hedginginstrumenten erheblich schwieriger zu beurteilen ist. Diesem Problem werden wir im folgenden mit einer zweistufigen Vorgehensweise zu begegnen versuchen, die zunächst die vergleichsweise einfach zu erfassenden Beiträge einzelner theoretisch konstruierter Indices zur Performance des gesamten Hedgeportefeuilles mißt, um in einem zweiten

Schritt aus dem Einfluß der originären Hedginginstrumente auf die Indices indirekt auf die Performance dieser Instrumente zurückzuschließen.

Die beiden für diese Vorgehensweise konstitutiven Eigenschaften der Indices I_k sind

(a) zum einen ihre Unkorreliertheit (sie vereinfacht die Quantifizierung der Beiträge einzelner Indices zur Hedgingperformance des gesamten Portefeuilles) und

(b) zum anderen der Sachverhalt, daß die Indices I_k als Linearkombination von jeweils k (k = 1...n) verschiedenen originären Hedginginstrumenten konzipiert sind, wobei jeder neue Index genau ein weiteres originäres Hedginginstrument zu seiner Konstruktion benötigt.

Zusammenfassend ist unsere Vorgehensweise als eine spezifische Form der Aufbereitung des Hedgingproblems (1) zu charakterisieren, die zu einer höheren Transparenz der aus stochastischen Wechselwirkungen der Hedginginstrumente untereinander resultierenden Effekte auf die Zielkriterien Risikoreduktion und Erlös führen soll. Mit ihr wird letztlich angestrebt, die Auswahl der Alternativenmenge geeigneter Hedginginstrumente seitens des verantwortlichen Risikomanagers durch Orientierungshilfen in Gestalt idealer auf die schrittweise Ergänzung eines Hedgeportefeuilles abgestimmter Erlös-Risiko-Profile zu unterstützen[45].

Als operationales Abbruchkriterium für den Suchprozeß schlagen wir vor, ein bestimmtes Anspruchsniveau für den maximal erzielbaren erwarteten Saldo der Hedgeportefeuillezahlungen vorzugeben. Dabei wird selbstverständlich vorausgesetzt, daß die Sollvorgabe hinsichtlich der Risikoreduktion erreicht sein muß.

---

45 Diese Problemauffassung erscheint darüber hinaus eine Grundlage für die Kreation und Vermarktung synthetischer Hedginginstrumente für Unternehmen mit ähnlich strukturiertem Cash Flow durch Finanzintermediäre zu liefern. In der Anschaulichkeit unserer Problemauffassung darf man einen Garanten für den Markterfolg entsprechend konzipierter synthetischer Hedginginstrumente vermuten.

Die erste Stufe der oben skizzierten Vorgehensweise konkretisiert sich zu der Erfassung des Beitrages einzelner Indices zum Risikoeliminationspotential und zum Saldo der erwarteten Erlöse eines Portefeuilles. Es ist somit zu zeigen, wie sich das Risikoeliminationspotential und der Saldo der erwarteten Erlöse eines Hedgeportefeuilles in Abhängigkeit von den Verteilungsparametern dergestalt konzipierter Indices bestimmen.

Aufgrund ihrer Symmetrie besitzt jede Kovarianzmatrix eine Darstellung der Gestalt:

$$COV(Z, Z) = A\,A'$$ [46].

Für gemeinsam *normalverteilte* Z_i, die bekanntlich als Linearkombinationen von unabhängigen Gaußschen Einheitsvariablen definiert sind, ergibt sich darüber hinaus folgender Zusammenhang[47]: sei g ein Vektor unabhängiger Gaußscher Einheitsvariablen geeigneter Dimension und sei

$$Z = A\,g + E(Z) \quad \text{mit} \quad \dim g \leq \dim Z,$$

dann gilt

$$COV(Z, Z) = E\{(Z - E(Z))\,(Z - E(Z))'\} = E\{(A\,g)(A\,g)'\} =$$

---

46 Die Darstellung ist nicht eindeutig; zulässig ist $A = E \cdot \sqrt{\Delta}$, wobei E die Spaltenmatrix der normierten orthogonalen Eigenvektoren von COV(Z, Z) und Δ die Diagonalmatrix ihrer Eigenwerte repräsentieren; vgl. *Oberhofer, W.*, Lineare Algebra für Wirtschaftswissenschaftler, München - Wien 1978, S. 188

47 Vgl. hierzu die Darstellung bei *Feller, W.*, An Introduction to Probability Theory and its Applications, Volume II , Second Edition, New York et al., S. 83 - 87

$A\,E\{g\,g'\}\,A' \;=\; A\,A'$,

da $E\{g\,g'\}$ für unabhängige Gaußsche Einheitsvariablen die Einheitsmatrix Id ist.

Unabhängig von einer *Verteilungsprämisse* gilt hingegen, wenn man definiert: [48]

$$B := A^{-1} \quad \text{und} \quad I := A^{-1}Z \;=\; B\,Z \tag{20}$$

ganz generell die Beziehung

$$COV(I, I) \;=\; B\,COV(Z, Z)\,B' \;=\; B\,A\,A'B' \;=\; B\,A\,(B\,A)' \;=\; Id$$

In der Gestalt von I hat man die (synthetischen) Indices I konstruiert, die man durch Lineartransformation aus Z (d. h. durch hypothetische Portefeuillebildung von Hedginginstrumenten) gewinnt; sie sind offenbar unkorreliert.

Der Erwartungswert des Saldos aller Zahlungen des optimalen Hedgeportefeuilles läßt sich somit in Bezug auf die (synthetischen) Indices wie folgt darstellen

$$c(x^*) \;=\; (x^*)'\,E(Z) \;=\; (x^*)'A\;B\;E(Z) \;=\; (A'\;x^*)'E(I) \tag{21}$$

Mit dem Ausdruck für das optimale Hedgeportefeuille x^* aus (4) erhält man:

48 Ist Z stochastisch linear unabhängig, so kann man A als invertierbar voraussetzen.

$$A'\,x^* = A'\,COV(Z,Z)^{-1}\left(\frac{1}{\lambda}E(Z) - COV(Z,C)\right) =$$

$$A'\,(A\,A')^{-1}\left(\frac{1}{\lambda}E(Z) - COV(Z,C)\right) =$$

$$A'\,(A')^{-1}\left(\frac{1}{\lambda}B\cdot E(Z) - B\cdot COV(Z,C)\right)$$

d. h.

$$A'\,x^* = \frac{1}{\lambda}E(I) - COV(I,C)$$

Einsetzen in (21) führt auf die Beziehung:

$$c(x^*) = \frac{1}{\lambda}\;E(I)'E(I) - COV(I,\,C)'E(I) \qquad (22)$$

mit[49]

$$\frac{1}{\lambda} = \sqrt{\frac{COV(Z,C)'COV(Z,Z)^{-1}COV(Z,C) + \Delta R}{E(Z)'COV(Z,Z)^{-1}E(Z)}} =$$

---

49 $COV(Z,\,Z)^{-1} = B'\,B$ folgt unmittelbar aus $(A\,A')\,(B'\,B) = A\,(B\,A)'\,B = Id$

$$\sqrt{\frac{COV(Z,C)'B'B\,COV(Z,C) + \Delta R}{E(Z)'B'B\,E(Z)}} =$$

$$\sqrt{\frac{COV(I,C)'COV(I,C) + \Delta R}{E(I)'E(I)}} \qquad (23)$$

Aus dem Vergleich mit (12) geht unmittelbar hervor, daß das Risikoeliminationspotential des Portefeuilles durch den Ausdruck COV(I,C)'COV(I,C) quantifiziert wird[50].

Bisher ist eine beliebige Konstruktion der Indices aus den originären Hedginginstrumenten untersucht worden. Es stellt sich für uns nun die Frage, ob es eine besonders zweckmäßige spezielle Konstruktionsweise gibt. Im Hinblick auf die angestrebte schrittweise Konstruktion stellt sich die Frage, welche Gewichte den originären $Z_{j\leq k}$[51] bei der Konstruktion der I_k zukommen. Da sich die Anzahl der berücksichtigten originären Hedginginstrumente mit jedem neu hinzukommenden Index gerade um 1 erhöht, kann die Übersichtlichkeit der Darstellung zunächst dadurch gewahrt werden, daß man die Indices rekursiv als Linearkombination des neu hinzukommenden originären Hedginginstrumentes mit den in den vorhergehenden Schritten generierten Indices konstruiert. Hierbei wird die Unkorreliertheit der Indices dadurch gewährleistet, daß man jenen Teil der zufallsabhängigen Zahlung des neu hinzutretenden originären Hedginginstrumentes Z_k, der bereits durch die Indices I_j, $j<k$, erklärt

---

50 Zur Erinnerung: $COV(Z,C)'COV(Z,Z)^{-1}COV(Z,C) = COV(I,C)'COV(I,C)$ entspricht der mit einer gegebenen Menge von Hedginginstrumenten maximal möglichen Reduktion der Varianz der Gesamtposition. Wir haben den Ausdruck daher mit dem Begriff "Risikoeliminationspotential" belegt.

51 Im folgenden werden wir gelegentlich auf die Zahlungsgrößen von nur k unter den Hedginginstrumenten zugreifen; wir bezeichnen daher mit $Z_{j\leq k}$ den (kx1)-Vektor, der nur aus den ersten k Komponenten des gesamten Vektors Z besteht.

wird, eliminiert. Um die Bedingung COV(I,I) = Id zu erfüllen, bedarf es außerdem einer Normierung der Varianz jedes neu hinzutretenden Indexes[52] [53]. Diese Verfahrensweise gestaltet sich wie folgt:

Seien

$$I_1^* := Z_1 \tag{24}$$

und

$$I_1 := \frac{Z_1}{\mathrm{std}(Z_1)} \tag{24a}$$

der erste nicht normierte bzw. normierte Index - wobei im übrigen die Reihenfolge im Prinzip willkürlich ist -, dann ergeben sich die übrigen nicht normierten Indices gemäß folgender Rekursionsformel

$$I_k^* := Z_k - \sum_{j=1}^{k-1} \mathrm{cov}(Z_k, I_j) \cdot I_j \qquad k = 2, \ldots \tag{25}$$

Die Normierung erfolgt in der gewohnten Art und Weise:

---

52 Es handelt sich hierbei um das aus der linearen Algebra bekannte Orthogonalisierungsverfahren von E. SCHMIDT; vgl. *Kowalsky, H.-J.*, Lineare Algebra, 8. Auflage, Berlin - New York 1977, S. 128 - 130

53 Es sei an dieser Stelle nochmals betont, daß die Lösung des Hedgingproblems auf der Basis unkorrelierter Linearkombinationen der originären Instrumente im Rahmen eines systematischen Optimierungsprozesses bei vorgegebener Alternativenmenge keine Vorteile mit sich bringt, da es sich lediglich um eine andere Aufbereitung des ursprünglichen Problems handelt; der Vorteil ist vielmenr in einer gedanklichen Unterstützung für die intuitiv gesteuerte Auswahl der Alternativenmenge zu sehen.

$$I_k := \frac{I_k^*}{\operatorname{std}(I_k^*)} \tag{25a}$$

Wir bestätigen nun die gewünschten Eigenschaften der Indices. Aus

$$\operatorname{cov}(I_k^*, I_1) = \operatorname{cov}(Z_k, I_1) - \sum_{j=1}^{k-1} \operatorname{cov}(Z_k, I_j) \cdot \operatorname{cov}(I_j, I_1)$$

folgt wegen $\operatorname{cov}(I_1, I_1) = \operatorname{var}(I_1) = 1$ im Sinne einer vollständigen Induktion über k

$$\operatorname{cov}(I_k^*, I_1) = 0 \qquad \text{für alle } k \neq 1$$

und mithin

$$\operatorname{cov}(I_k, I_1) = \frac{\operatorname{cov}(I_k^*, I_1)}{\operatorname{std}(I_k^*)} = 0 \qquad \text{für alle } k \neq 1$$

Betrachten wir im nächsten Schritt den Ausdruck $\operatorname{cov}(I_k^*, I_2)$ für $k = 3, \ldots$. Definitionsgemäß gilt:

$$\operatorname{cov}(I_k^*, I_2) = \operatorname{cov}(Z_k, I_2) - \sum_{j=1}^{k-1} \operatorname{cov}(Z_k, I_j) \cdot \operatorname{cov}(I_j, I_2)$$

Daraus folgt unter Berücksichtigung von $\operatorname{cov}(I_1, I_2) = 0$ und $\operatorname{var}(I_2) = 1$ analog zu der eben beschrittenen Vorgehensweise

$$\operatorname{cov}(I_k, I_2) = \frac{\operatorname{cov}(I^*_k, I_2)}{\operatorname{std}(I^*_k)} = 0 \qquad \text{für alle } k \neq 2$$

Mit Hilfe weiterer analoger Induktionsschritte kann man leicht zeigen, daß $COV(I,I) = Id$ für die entsprechend (24) und (25) konstruierten und anschließend gemäß (24a) und (25a) normierten Indices stets erfüllt ist.

Die Gewichte, die die originären Hedginginstrumente $i \leq k$ in beliebigen Indices I_k besitzen, können in rechentechnischer Hinsicht problemlos auf rekursive Weise bestimmt werden.

Durch Einsetzen von

$$I_k := \sum_{i=1}^{k} b_i^k Z_i$$

in die Definition (25a) erhält man i. V. m. (25) mittels Koeffizientenvergleich das folgende rekursiv lösbare Gleichungssystem:

$$b_k^k = \frac{1}{\operatorname{std}(I^*_k)} =$$

$$\frac{1}{\sqrt{\operatorname{var}(Z_k) - \sum_{j=1}^{k-1} \sum_{h=1}^{j} \sum_{i=1}^{j} b_h^j \, b_i^j \operatorname{cov}(Z_k, Z_h) \operatorname{cov}(Z_k, Z_i)}}$$

und

$$b_i^k = b_k^k \cdot \sum_{j=i}^{k-1} b_i^j \sum_{h=1}^{j} b_h^j \operatorname{cov}(Z_k, Z_h) \quad , \quad i = 1 \ldots k\text{-}1$$

2.2.2.2 Die Interpretation der Indices im Zusammenhang mit bedingten Erwartungen unter der Normalverteilungshypothese

Die bisherige Darstellung der Konstruktion der Indices kam ohne Voraussetzung über die Wahrscheinlichkeitsverteilungen aus. Eine weitergehende Interpretation kann bei Vorliegen einer spezifischen Verteilungsform gegeben werden. Unter der Annahme gemeinsam normalverteilter Z_k weist nämlich der für die Konstruktion der Indices konstitutive Gedanke einer Bereinigung der Z_k um den Teil, der bereits durch die $Z_{j<k}$ erklärt wird, eine erkennbare Parallele zur Konzeption bedingter Erwartungen auf.

Um dies zu zeigen, erinnern wir zunächst an den definitorischen Zusammenhang (vgl. (20))

$$I_{j \leq k} = B_k Z_{j \leq k}$$

wobei B_k die linke obere kxk-Untermatrix von B ist. Daher gilt auch

$$B_k' B_k = \operatorname{COV}(Z_{j \leq k}, Z_{j \leq k})^{-1}.$$

Errechnen wir zunächst die unter $Z_{j<k}$ bedingte Varianz von

$$I_k := \sum_{i=1}^{k} b_i^k Z_i \quad ,$$

so ergibt sich

$$\mathrm{var}(I_k \mid Z_{j<k}) = (b_k^k)^2 \cdot \mathrm{var}(Z_k \mid Z_{j<k})$$

Da $\mathrm{var}(Z_k|Z_{j<k})$ für normalverteilte Größen nicht stochastisch ist[54], muß

- wegen $\mathrm{var}(I_k \mid Z_{j<k}) =$

  $\mathrm{var}(I_k) - \mathrm{COV}(I_k,Z_{j<k})' \; \mathrm{COV}(Z_{j<k},Z_{j<k})^{-1}\mathrm{COV}(I_k,Z_{j<k}) =$

  $\mathrm{var}(I_k) - \mathrm{COV}(I_k,Z_{j<k})' \; B_{k-1}{}'B_{k-1}\mathrm{COV}(I_k,Z_{j<k}) =$

  $\mathrm{var}(I_k) - \mathrm{COV}(I_k,B_{k-1}Z_{j<k})' \; \mathrm{COV}(I_k,B_{k-1}Z_{j<k}) =$

  $\mathrm{var}(I_k) - \mathrm{COV}(I_k,I_{j<k})' \; \mathrm{COV}(I_k,I_{j<k}) =$

  $\mathrm{var}(I_k) = 1$ -

gelten:

$$(b_k^k)^2 = \frac{1}{\mathrm{var}(I_k^*)} = \frac{1}{\mathrm{var}(Z_k|Z_{j<k})}$$

---

54 Vgl. *Feller, W.,* op. cit., S. 86

Das eröffnet i. V. m. (25a) bzw. (25) folgende Möglichkeit der Darstellung:

$$I_k - E(I_k) = \frac{Z_k - E(Z_k) - \sum_{j=1}^{k-1} cov(Z_k, I_j) \cdot (I_j - E(I_j))}{std(Z_k | Z_{j<k})} =$$

$$\frac{Z_k - E(Z_k) - COV(Z_k, Z_{j<k})' B_{k-1}' B_{k-1} (Z_{j<k} - E(Z_{j<k}))}{std(Z_k | Z_{j<k})} =$$

$$\frac{Z_k - \left\{ E(Z_k) + COV(Z_k, Z_{j<k})' COV(Z_{j<k}, Z_{j<k})^{-1} (Z_{j<k} - E(Z_{j<k})) \right\}}{std(Z_k | Z_{j<k})}$$

Unter Berücksichtigung der Verteilungsannahme erhält man also[55]:

$$I_k - E(I_k) = \frac{Z_k - E(Z_k | Z_{j<k})}{std(Z_k | Z_{j<k})}$$

---

55 Es gilt ja für gemeinsam normalverteilte Z_k und $Z_{j<k}$

$$E(Z_k | Z_{j<k}) = E(Z_k) + COV(Z_k, Z_{j<k})' COV(Z_{j<k}, Z_{j<k})^{-1} (Z_{j<k} - E(Z_{j<k}))$$

Wegen

$$I_k = \frac{Z_k - \sum_{j=1}^{k-1} cov(Z_k, I_j) \cdot I_j}{std(Z_k | Z_{j<k})} =$$

$$\frac{Z_k - COV(Z_k, Z_{j<k})' B_{k-1}' B_{k-1} Z_{j<k}}{std(Z_k | Z_{j<k})} =$$

$$\frac{Z_k - COV(Z_k, Z_{j<k})' COV(Z_{j<k}, Z_{j<k})^{-1} Z_{j<k}}{std(Z_k | Z_{j<k})}$$

gilt ferner[56]

$$E(I_k) = \frac{E(Z_k | Z_{j<k} = 0)}{std(Z_k | Z_{j<k})} \tag{26}$$

für die Erwartungswerte der Indices. Abschließend sind noch die Kovarianzen der Indices mit dem Cash Flow herzuleiten; es gilt:

$$cov(I_k, C) = E\{(I_k - E(I_k)) \cdot (C - E(C))\} = E\{(I_k - E(I_k)) \cdot C\} =$$

56 Aus

$$E(Z_k \mid Z_{j<k}) = E(Z_k) + COV(Z_k, Z_{j<k})' COV(Z_{j<k}, Z_{j<k})^{-1} [Z_{j<k} - E(Z_{j<k})]$$

folgt unmittelbar:

$$E(Z_k) - COV(Z_k, Z_{j<k})' COV(Z_{j<k}, Z_{j<k})^{-1} E(Z_{j<k}) = E(Z_k \mid Z_{j<k} = 0)$$

$$E\,\{E[(I_k-E(I_k))\cdot C \mid Z_{j<k}]\} \;=\; E\left\{ E\left[\frac{Z_k - E(Z_k|Z_{j<k})}{std(Z_k|Z_{j<k})} \cdot C \;\Big|\; Z_{j<k} \right] \right\} =$$

$$E\left\{ \frac{1}{std(Z_k|Z_{j<k})} E\left[(Z_k-E(Z_k|Z_{j<k}))\cdot C \;\Big|\; Z_{j<k} \right] \right\} =$$

$$E\left\{ \frac{cov\left(Z_k,\, C \mid Z_{j<k}\right)}{std(Z_k|Z_{j<k})} \right\}$$

Es ist schon einmal die Tatsache benutzt worden, daß $std(Z_k|Z_{j<k})$ nicht stochastisch ist, so daß gilt:

$$cov(I_k,C) \;=\; \frac{E\left\{cov(Z_k,\, C \mid Z_{j<k})\right\}}{std(Z_k|Z_{j<k})}$$

oder auch direkt

$$cov(I_k,C) \;=\; \frac{cov\left(Z_k - E(Z_k|Z_{j<k}),\, C\right)}{std(Z_k|Z_{j<k})}$$

Für den Fall, daß auch der Cash Flow mit den Zahlungen der Hedginginstrumente gemeinsam normalverteilt ist, gilt dann sogar

$$\operatorname{cov}(I_k, C) = \frac{\operatorname{cov}\left(Z_k, C \mid Z_{j<k}\right)}{\operatorname{std}(Z_k \mid Z_{j<k})} \tag{27}$$

Wir haben die synthetischen Indices in der Absicht mit bedingten Erwartungen unter der Normalverteilungshypothese in Verbindung gebracht, die Entwicklung einer qualitativ orientierten Urteilsfähigkeit hinsichtlich der mutmaßlichen Beiträge einzelner Hedginginstrumente zur Performance eines Hedgeportefeuilles zu unterstützen. Diese Absicht basiert auf der Hypothese, daß die durch die Konzeption bedingter Erwartungen suggerierte Möglichkeit zur Differenzierung von beeinflussenden und beeinflußten Zufallsvariablen im Kontext mehr als zweier Zufallsvariablen besser mit intuitivem Denken harmoniert als die dem Konzept der Kovarianzen inhärente Wechselseitigkeit der Beeinflussung. In diesem Zusammenhang erscheint der in Anhang A für den Fall gemeinsam normalverteilter Z_k erbrachte Nachweis einer gewissen Dualität der Darstellung stochastischer Wechselwirkungen zwischen mehreren Zufallsvariablen, die linear strukturierte Vorstellungen ebenso gelten läßt wie den gewöhnlichen interdependenden Ansatz, von Interesse. Diese Dualität manifestiert sich in der folgenden Identität

$$\operatorname{var}(x' Z) = \sum_{i=1}^{n} \sum_{i=1}^{n} x_i \cdot x_j \operatorname{cov}(Z_i, Z_j) = \sum_{i=1}^{n} (x_i + \delta_i)^2 \cdot \operatorname{var}(Z_i \mid Z_{h<i})$$

mit

$$\delta_i = \sum_{j=i}^{n-1} (x_{j+1} + \delta_{j+1}) \operatorname{cov}(Z_{j+1}, I_j)\, b_i^j \quad, i = 1 \ldots n\text{-}1, \qquad \delta_n = 0$$

Während die Einflüsse aller $Z_{h<i}$ auf Z_i in der bedingten Varianz var(Z_i | $Z_{h<i}$) zusammengefaßt werden, fällt den δ_i offensichtlich die Bedeutung zu, den Einfluß von Z_i auf alle $Z_{j>i}$ zu erfassen. Aus der Möglichkeit, gegenseitige Wechselwirkungen in eine lineare Kette mit einseitig ausgerichteter Beeinflussung aufzulösen, kann allerdings keinesfalls auf Kausalzusammenhänge geschlossen werden, was sich bereits in der Beliebigkeit der Anordnung der Kettenglieder dokumentiert.

Die Bedeutung dieser Dualität für das Risikomanagement besteht im Nachweis der Vereinbarkeit in der Regel linear strukturierter intuitiver Abschätzungen der stochastischen Wechselwirkungen zwischen mehr als zwei Zufallsvariablen mit dem verbreiteten operationalen Varianzkalkül. Somit erscheint ein sich bei der Auswahl potentieller Hedginginstrumente an bedingten Erwartungen orientierendes im Sinne der vorliegenden Arbeit effizientes Risikomanagement auch dann praktikabel, wenn sich Erwartungen nicht auf harte Daten stützen lassen.

2.2.2.3 Zur quantitativen und qualtitativen Bestimmung der durch Portefeuilleergänzungen erreichbaren Steigerung des Risikoeliminationspotentiales

Ausgangspunkt unserer eingehenden Auseinandersetzung mit der Konstruktion der unkorrelierten Indices war das Streben nach Vereinfachung der qualitativen und quantitativen Beurteilung des Beitrages einzelner Hedginginstrumente zur Gesamtperformance eines Hedgeportefeuilles. Dem sollte durch eine zweistufige Vorgehensweise, die zunächst die vergleichsweise einfach zu erfassenden Beiträge einzelner Indices mißt, um im zweiten Schritt aus den Beiträgen der Indices auf die Beiträge der originären Hedginginstrumente zurückzuschließen, entsprochen werden. Dabei sind die Beiträge zum Risikoeliminationspotential und zum erwarteten Erlös gesondert zu erfassen, um daraus Orientierungshilfen für die erste und zweite Phase des Risikomanagement abzuleiten.

Die erste Phase besteht in einem iterativen Vorgehen, das solange neue Indices in die Alternativenmenge aufnimmt, bis ein ausreichendes Risikoeliminationspotential erreicht ist. Qualifizierendes Merkmal eines Iterationsschrittes der ersten Phase des Identifikationsprozesses ist, daß die mit der bereits in den bisherigen Iterationsschritten identifizierten Alternativenmenge maximal mögliche Varianzreduktion die entsprechende Sollvorgabe noch nicht erreicht. Da eine Lösung des Hedgingproblems voraussetzt, daß diese Sollvorgabe überschritten wird, ist ein möglichst hohes Risikoeliminationspotential - das sich nach

$$COV(C,Z)' \, COV(Z,Z)^{-1} COV(C,Z) =$$

$$COV(I,C)' \, COV(I,C) = \sum_j cov(I_j,C)^2 \qquad (28)$$

bemißt -
in dieser Phase alleiniges Selktionskriterium bei der schrittweise erfolgenden Identifikation geeigneter Hedginginstrumente.

Als *erstes* Hedginginstrument ist somit wegen

$$cov(I_1,C) = \frac{cov(Z_1,C)}{std(Z_1)} = corr(Z_1,C) \cdot std(C)$$

das Instrument zu wählen, welches den absolut größten Korrelationskoeffizienten mit dem Cash Flow aufweist.

Mit jedem weiteren Hedginginstrument k nimmt das Risikoeliminationspotential nur dann *nicht* zu, wenn gilt $cov(I_k,C) = 0$ gilt[57]. Diese Bedingung ist gemäß (25) genau dann erfüllt, wenn

$$cov(Z_k, C) = \sum_{j=1}^{k-1} cov(Z_k, I_j) \cdot cov(I_j, C)$$

gilt.

Unter der Normalverteilungshypothese gilt ferner

$$cov(I_k,C) = 0 \quad \Leftrightarrow \quad cov\left(Z_k, C \mid Z_{j<k}\right) = 0$$

Um das Ausmaß des Zuwachses an Risikoeliminationspotential durch ein *zweites* Hedginginstrument eingehender zu analysieren, betrachten wir den hierfür maßgeblichen Summanden (s. oben Gleichung (28)) $cov(I_2,C)^2$:

Definitionsgemäß gilt

$$cov(I_2,C)^2 = \frac{\left[cov(Z_2,C) - cov(Z_2,I_1) \cdot cov(I_1,C)\right]^2}{var(Z_2) - cov(Z_2,I_1)^2}$$

Hieraus erhält man

---

57 Falls $cov(I_k, C) > 0$ gilt, "verkauft" man I_k; falls $cov(I_k, C) < 0$ gilt, "kauft" man I_k, um das Risikoeliminationspotential zu steigern.

$$\mathrm{cov}(I_2,\ C)^2 \;=\; \mathrm{cov}(I_1,C)^2 \cdot \frac{\left[\dfrac{\mathrm{cov}(Z_2,C)}{\mathrm{cov}(I_1,C)} - \mathrm{cov}(Z_2,I_1)\right]^2}{\mathrm{var}(Z_2) - \mathrm{cov}(Z_2,I_1)^2} \;=$$

$$\mathrm{cov}(I_1,C)^2 \cdot \frac{\left[\dfrac{\mathrm{cov}(Z_2,C)}{\mathrm{corr}(Z_1,C)\cdot\mathrm{std}(C)} - \mathrm{std}(Z_2)\cdot\mathrm{corr}(Z_2,Z_1)\right]^2}{\mathrm{var}(Z_2)\left(1 - \mathrm{corr}(Z_2,Z_1)^2\right)} ,$$

um schließlich durch Ausklammern von $\mathrm{std}(Z_2)$ bzw. $\mathrm{var}(Z_2)$ im Zähler die folgende Beziehung zu bestätigen:

$$\mathrm{cov}(I_2,\ C)^2 \;=\; \mathrm{cov}(I_1,C)^2 \cdot \frac{\left[\dfrac{\mathrm{corr}(Z_2,C)}{\mathrm{corr}(Z_1,C)} - \mathrm{corr}(Z_2,Z_1)\right]^2}{1 - \mathrm{corr}(Z_2,Z_1)^2} \qquad (29)$$

Die Inspektion des Terms auf der rechten Seite von Gleichung (29) läßt erkennen, daß der Hedgingpotentialzuwachs bei gegebener Korrelation zwischen den Instrumenten 1 und 2 eine monoton steigende Funktion des absoluten Abstandes zwischen dem Quotienten

$$Q_1 \;:=\; \frac{\mathrm{corr}(Z_2,C)}{\mathrm{corr}(Z_1,C)} \qquad (30)$$

und dem Korrelationskoeffizienten der Erlöse beider Hedginginstrumente ist. Im ungünstigsten Fall

$$\frac{corr(Z_2,C)}{corr(Z_1,C)} = corr(Z_2,Z_1)$$

beträgt der Hedgingpotentialzuwachs Null. Das Resultat vermittelt die Einsicht, daß der Hedgingpotentialzuwachs ceteris paribus durch entgegengesetzte Vorzeichen des Quotienten Q_1 einerseits und des Korrelationskoeffizienten der Hedgingerlöse beider Hedginginstrumente andererseits begünstigt wird.

Dieser Sachverhalt besitzt folgende Erklärung: wir wissen, daß die Summe

$$\sum_{j=1}^{k} cov(I_j,C)^2$$

der durch Hinzufügen eines aus k synthetischen Komponenten bestehenden Hedgeportefeuilles zum Cash Flow C maximal erreichbaren Reduktion der Varianz der resultierenden Gesamtposition entspricht. Dies impliziert, wie oben gezeigt, die Identität dieses Terms mit dem Betrag der maximal erreichbaren Kovarianz eines aus diesen Komponenten zusammengesetzten Hedgeportefeuilles mit dem Cash Flow. Damit ist für den Fall eines Zwei-Komponenten-Hedgeportefeuilles unmittelbar einsichtig, daß die jeweils zu kontrahierenden Anzahlen seiner Komponenten, sollten deren Korrelationskoeffizienten mit dem Cash Flow entgegengesetzte Vorzeichen aufweisen, ebenfalls entgegengesetzte Vorzeichen aufweisen und umgekehrt gleiche Vorzeichen aufweisen, wenn die entsprechenden Korrelationskoeffizienten gleiche Vorzeichen aufweisen. (Bei positivem Vorzeichen spricht man von einem "Long-Hedge" und bei negativem Vorzeichen von einem "Short-Hedge"). Somit sind folgende Konstellationen zu unterscheiden

$$Q_1 > 0 \Leftrightarrow \frac{corr(x_1Z_1,x_2Z_2)}{corr(Z_1,Z_2)} = x_1x_2 > 0$$

und

$$Q_1 < 0 \quad \Leftrightarrow \quad \frac{\operatorname{corr}(x_1 Z_1, x_2 Z_2)}{\operatorname{corr}(Z_1, Z_2)} = x_1 x_2 < 0$$

D. h. die realisierten Erlöse der beiden Komponenten des Hedgeportefeuilles mit dem maximalen Risikoeliminationspotential sind genau dann negativ korreliert, wenn Q_1 >(<) 0 und corr(Z_1,Z_2) <(>) 0 gilt. Diese negative Korrelation hemmt die Zunahme der Hedgeportefeuillevarianz und begünstigt somit die auf den Zuwachs (absolut betrachtet) der Kovarianz des Hedgeportefeuilles mit dem Cash Flow bedachte Aufstockung des Hedgeportefeuillevolumens.

2.2.2.4 Zur quantitativen und qualtitativen Bestimmung der durch Portefeuilleergänzungen erreichbaren Steigerung des Erlöspotentiales

Die vorausgehenden Ausführungen galten dem maximalen Risikoeliminationspotential als alleinigem Selektionskriterium für die Phase, in der die auf der jeweiligen Iterationsstufe bereits identifizierten Elemente der Alternativenmenge die Einhaltung der Risikorestriktion noch nicht gewährleisten. Für die danach einsetzende Phase des Risikomanagementprozesses ist ein weiteres Selektionskriterium erforderlich. In dieser Situation sollte die Ergänzung (und Umstrukturierung) des optimalen Hedgeportefeuilles x^* um ein weiteres Hedginginstrument nur dann erfolgen, wenn die Erhöhung des erwarteten Saldos der Hedgeportefeuilleerlöse gewährleistet erscheint. Die folgenden Ausführungen zielen auf die Herleitung einer hinreichenden Bedingung für die Erhöhung des erwarteten Gesamt-Cash-Flow in dieser Situation.

Wie bereits gezeigt wurde (vgl. (22)), gilt

$$c(x^*) = \frac{1}{\lambda} E(I)'E(I) - COV(I, C)'E(I)$$

Daraus folgt für den dem n-ten und letzten Hedginginstrument zuzuschreibenden erwarteten Zielbeitrag Δc

$$\Delta c = \frac{1}{\lambda(n)} \sum_{k=1}^{n} E(I_k)^2 - \sum_{k=1}^{n} cov(I_k, C) \cdot E(I_k)$$

$$- \left[\frac{1}{\lambda(n-1)} \sum_{k=1}^{n-1} E(I_k)^2 - \sum_{k=1}^{n-1} cov(I_k, C) \cdot E(I_k) \right] =$$

$$\frac{1}{\lambda(n)} E(I_n)^2 + \left[\frac{1}{\lambda(n)} - \frac{1}{\lambda(n-1)}\right] \sum_{k=1}^{n-1} E(I_k)^2 - cov(I_n, C) \cdot E(I_n)$$

Mithin gilt

$$\Delta c > 0 \iff \frac{1}{\lambda(n)} > \frac{cov(I_n, C)}{E(I_n)} - \left[\frac{1}{\lambda(n)} - \frac{1}{\lambda(n-1)}\right] \frac{\sum_{k=1}^{n-1} E(I_k)^2}{E(I_n)^2}$$

Diese Bedingung ist wegen $\frac{1}{\lambda(i)} > 0$ für $i \geq n-1$

offensichtlich immer erfüllt, wenn gilt:

$$\frac{cov(I_n, C)}{E(I_n)} < 0 \quad \text{und} \quad \frac{1}{\lambda(n)} \geq \frac{1}{\lambda(n-1)}$$

Aus der Bedingung

$$\frac{1}{\lambda} = \sqrt{\frac{COV(I,C)'COV(I,C) + \Delta R}{E(I)'E(I)}}$$

folgen die Äquivalenzen (wegen der Annahme, daß mit n-1 Instrumenten die Risikorestriktion erfüllt ist, gilt jeweils $COV(I,C)'COV(I,C) + \Delta R > 0$!):

$$\frac{1}{\lambda(n)} \geq \frac{1}{\lambda(n-1)} \Leftrightarrow$$

$$\frac{\sum_{k=1}^{n} cov(I_k,C)^2 + \Delta R}{\sum_{k=1}^{n-1} cov(I_k,C)^2 + \Delta R} \geq \frac{\sum_{k=1}^{n} E(I_k)^2}{\sum_{k=1}^{n-1} E(I_k)^2} \Leftrightarrow$$

$$\frac{cov(I_n,C)^2}{\sum_{k=1}^{n-1} cov(I_k,C)^2 + \Delta R} \geq \frac{E(I_n)^2}{\sum_{k=1}^{n-1} E(I_k)^2} \Leftrightarrow$$

$$\left|\frac{cov(I_n, C)}{E(I_n)}\right| \geq \frac{1}{\lambda(n-1)}$$

Somit ist die Bedingung

$$- \frac{cov(I_n, C)}{E(I_n)} \lambda(n-1) \geq 1 \qquad (31)$$

hinreichend für die Erhöhung des erwarteten Saldos der Hedgeportefeuillezahlungen, falls die Anzahl der Hedgeportefeuillekomponenten von n-1 auf n erhöht wird. Sie läßt erkennen, daß (wegen $\lambda(n\text{-}1) > 0$) entgegengesetzte Vorzeichen von erwartetem Erlös- und Kovarianz der Indices mit dem Cash Flow zumindest ein wichtiges Indiz für deren Hedgingtauglichkeit sind. Die Ausführungen zum Hedging mit nur einem Instrument haben gezeigt, daß ein entgegengesetztes Vorzeichen dieser Parameter von zentraler Bedeutung bei der isolierten Beurteilung von Hedgingengagements ist.

Bemerkenswert erscheint, daß die bereits im Hedgeportefeuille befindlichen Hedginginstrumente auch dann, wenn die als Ergänzung in Betracht gezogenen Instrumente nicht mit diesen korreliert sind (das ist ja ein konstitutives Konstruktionsmerkmal der hier betrachteten Indices), über den Schattenpreis Einfluß auf Erweiterungsentscheidungen nehmen.

Unter der Annahme, daß der Cash Flow mit den Zahlungen der Hedginginstrumente gemeinsam normalverteilt ist, besitzt (31) ausweislich (26) und (27) folgende auf die originären Hedginginstrumente rekurrierende Interpretation

$$- \frac{\operatorname{cov}\left(Z_n, C \mid Z_{m<n}\right)}{E(Z_n \mid Z_{m<n} = 0)} \; \lambda(n\text{-}1) \;\geq\; 1 \qquad (31a)$$

Die Tatsache, daß $\lambda(n\text{-}1)$ als Proportionalitätsfaktor bei der relativen Bewertung von Risiko- und Erlösvariation Verwendung findet, verweist auf seine aus der Konstruktion der Lagrangefunktion bekannte Interpretation als Schattenpreis für die Begrenzung der Varianz des Cash Flow (sprich des Risikos)[58].

Bemerkenswert erscheint, daß sich der Schattenpreis für die Begrenzung der Varianz des Cash Flow

---

58 Mit wenigen Umformungen zeigt man: $c(x^*) = \lambda \cdot (\Delta R - \operatorname{cov}(Z,C)' \, x^*)$

daraus folgt unmittelbar $\dfrac{\partial c(x^*)}{\partial(\Delta R)} = \lambda$

$$\lambda(n) = \left(\frac{\sum_{k=1}^{n} E(I_k)^2}{\sum_{k=1}^{n} \text{cov}(I_k, C)^2 + \Delta R} \right)^{\frac{1}{2}} \qquad (32)$$

nach dem Verhältnis der risikonormierten erwarteten Zahlungswirksamkeit des gesamten Hedgeportefeuilles und dem spekulativen Spielraum, den das Portefeuille mit dem maximalen Risikoeliminationspotential zu verschaffen vermag, bestimmt[59].

Die in Kapitel 2.1 nachgewiesene Angemessenheit eines sequentiellen Problemlösungsverhaltens bei gegebener Auswahl von Hedginginstrumenten impliziert, daß eine mit der Erhöhung der Anzahl der Hedgeportefeuillekomponenten einhergehende Erhöhung des maximalen Risikoeliminationspotentials ceteris paribus positive Auswirkungen auf den Saldo der erwarteten Hedgeportefeuillezahlungen hat, indem sie zusätzlichen spekulativen Spielraum verschafft, der erlösmaximierend ausgeschöpft werden kann. Wir wollen im folgenden untersuchen, ob und, wenn ja, unter welchen Bedingungen der Saldo der erwarteten Hedgeportefeuillezahlungen durch die Berücksichtigung eines zusätzlichen Hedginginstrumentes erhöht werden kann, wenn damit eine Ausdehnung des spekulativen Spielraumes *nicht* bewirkt werden kann. Unsere Ausführungen zielen auf eine Vertiefung des Verständnisses einzelner für den Hedgingerfolg maßgeblicher Mechanismen.

Das Ausbleiben einer Ausdehnung des spekulativen Spielraumes ist gleichbedeutend mit $\text{cov}(I_n, C) = 0$ (vgl. (28)).

Unter dieser Bedingung gilt:

---

59 Wir haben bereits eingangs darauf verwiesen, daß eine nutzenmaximale Lösung erreicht wird, wenn die Stellgröße ΔR so gewählt wird, daß der Schattenpreis für die Risikobegrenzung dem Doppelten der individuellen Grenzrate der Substitution entspricht.

$$\Delta c = \sum_{k=1}^{n} \frac{E(I_k)^2}{\lambda(n)} - \sum_{k=1}^{n-1} \frac{E(I_k)^2}{\lambda(n-1)}$$

d. h. $\Delta c > 0 \Leftrightarrow \frac{E(I_n)^2}{\lambda(n)} > \left[\frac{1}{\lambda(n-1)} - \frac{1}{\lambda(n)}\right] \sum_{k=1}^{n-1} E(I_k)^2 \Leftrightarrow$

$$E(I_n)^2 > \left[\frac{\lambda(n)}{\lambda(n-1)} - 1\right] \sum_{k=1}^{n-1} E(I_k)^2 \Leftrightarrow$$

$$\sum_{k=1}^{n} E(I_k)^2 > \frac{\lambda(n)}{\lambda(n-1)} \sum_{k=1}^{n-1} E(I_k)^2$$

In Verbindung mit (annahmegemäß gilt ja $cov(I_n, C) = 0$!)

$$\frac{\lambda(n)}{\lambda(n-1)} = \left(\frac{\sum_{k=1}^{n} E(I_k)^2}{\sum_{k=1}^{n-1} E(I_k)^2} \right)^{\frac{1}{2}}$$

folgt hieraus:

$$\Delta c > 0 \Leftrightarrow \sum_{k=1}^{n} E(I_k)^2 > \sqrt{\sum_{k=1}^{n} E(I_k)^2 \cdot \sum_{k=1}^{n-1} E(I_k)^2} \Leftrightarrow$$

$$\sqrt{\sum_{k=1}^{n} E(I_k)^2} > \sqrt{\sum_{k=1}^{n-1} E(I_k)^2} \Leftrightarrow E(I_n) \neq 0 \Leftrightarrow$$

$$E(Z_n) \neq \sum_{j=1}^{n-1} cov(Z_n, I_j) \cdot E(I_j)$$

Unter der Annahme, daß die Zahlungen der Hedginginstrumente gemeinsam normalverteilt sind, ist $E(I_n) \neq 0$ gleichbedeutend mit $E(Z_n \mid Z_{m<n} = 0) \neq 0$, d. h. der erwartete cash flow kann ohne gleichzeitige Ausdehnung des spekulativen Spielraumes dann und nur dann durch die Aufnahme von Z_n ins Hedgeportefeuille erhöht werden, wenn $E(Z_n \mid Z_{m<n} = 0) \neq 0$ gilt.

Für die Ergänzung eines einzelnen Hedginginstrumentes durch ein zweites (n=2) bedeutet dies, daß unter Berücksichtigung von

$$E(I_2) = \frac{E(Z_2) - cov(Z_2, I_1) \cdot E(I_1)}{\sqrt{var(Z_2) - cov(Z_2, I_1)^2}} =$$

$$\frac{\frac{std(Z_2)}{std(Z_1)}\left[E(Z_2)\,\frac{std(Z_1)}{std(Z_2)} - corr(Z_2, Z_1) \cdot E(Z_1)\right]}{std(Z_2)\sqrt{1 - corr(Z_2, Z_1)^2}} =$$

$$\frac{E(Z_1)}{std(Z_1)}\left[\frac{\frac{E(Z_2)}{E(Z_1)}\,\frac{std(Z_1)}{std(Z_2)} - corr(Z_2, Z_1)}{\sqrt{1 - corr(Z_2, Z_1)^2}}\right]$$

unter der Voraussetzung $cov(I_2, C) = 0$ - gleichbedeutend mit

$$\frac{corr(Z_2, C)}{corr(Z_1, C)} = corr(Z_2, Z_1) -$$

gilt:

$$\Delta c > 0 \quad \Leftrightarrow \quad \frac{\dfrac{E(Z_2)}{std(Z_2)}}{\dfrac{E(Z_1)}{std(Z_1)}} \neq corr(Z_2, Z_1) \qquad (33)$$

Die Analogie zur Analyse der Auswirkung der Korrelation zweier Hedginginstrumente auf die maximal ereichbare Varianzreduktion ist offensichtlich. Bleibt das Risikoeliminationspotential konstant, dann ist die erwartete Erlössteigerung eine monoton steigende Funktion des Abstandes zwischen dem Quotienten

$$Q_2 := \frac{\dfrac{E(Z_2)}{std(Z_2)}}{\dfrac{E(Z_1)}{std(Z_1)}} \qquad (34)$$

und dem Korrelationskoeffizienten der Erlöse beider Hedginginstrumente. Im ungünstigsten Fall beträgt die erwartete Zunahme Null. Ferner vermittelt das Resultat die Einsicht, daß der erwartete Erlöszuwachs durch entgegengesetzte Vorzeichen des Quotienten Q_2 und des Korrelationskoeffizienten der Erlöse beider Hedginginstrumente untereinander begünstigt wird. Dieser Sachverhalt besitzt folgenden Hintergrund: Zunächst ist zu konstatieren, daß Erlösaspekte in der ersten Phase des zweiphasigen Risikomanagementprozesses keine Rolle spielen. In der zweiten - auf die erlösmaximierende Nutzung des in der ersten Phase geschaffenen spekulativen Spielraumes bedachten - Phase sind mit entgegengesetzten (gleichen) Vorzeichen versehene Positionen in den beiden Hedginginstrumenten einzugehen, falls Q_2 <(>) 0. Deren Erlöse sind somit negativ korreliert, falls $corr(Z_1, Z_2)$ >(<) 0 gilt. Die negative Korrelation begünstigt den erwarteten Erlöszuwachs, indem sie zu einer vergleichsweise geringeren Beanspruchung des spekulativen Spielraumes führt, so daß in verstärktem

Maße Positionen, die positive Erlöse erwarten lassen, aufgebaut werden können.

2.3 Zur Bedeutung der Hedgeportefeuillediversifikation für die ökonomische Bewertung der institutionell instrumentalen Zerlegung von Zahlungsansprüchen (Assetstripping) im Hedgingkontext

Die bisher abgeleiteten Aussagen über den Einfluß stochastischer Wechselwirkungen innerhalb eines Hedgeportefeuilles auf die Hedgingperformance beschreiben im Grunde einzelne Aspekte des Phänomens "Hedgeportefeuillediversifikation". Dieses Phänomen erscheint aufgrund der spezifischen Anforderungen an ein Hedgeportefeuille im Hedgingkontext schwerer greifbar als im Rahmen eines einfachen Portefeuilleoptimierungsansatzes. Wir wollen dieses Kapitel daher mit einer Überlegung beschließen, die die ökonomische Bedeutung der Hedgeportefeuillediversifikation unterstreicht.

Dazu betrachten wir einen Titel F, der eine Zahlung S verbriefe. Diese setze sich additiv aus den beiden Komponenten Z_1 und Z_2 zusammen. Untersucht wird, ob der Einrichtung von Märkten für die Titel O_1 und O_2, die die Zahlung Z_1 bzw. Z_2 verbriefen, im Hedgingkontext ein ökonomischer Wert beizumessen ist (zur Erläuterung der Wahl der Symbole: S ist die Synthese der Zahlungen Z_1 und Z_2; O_1 und O_2 werden wir später mit den für die Synthetisierung von Forwardkontrakten F jeweils erforderlichen Optionsgeschäften identifizieren).

Die Frage kann durch einen Vergleich der Lösungen des Hedgingproblems (1) für den Fall, daß

(a) ausschließlich F

und

(b) sowohl O_1 als auch O_2

in beliebiger Stückelung gekauft und (leer-)verkauft werden können, beantwortet werden. Sie ist nur dann zu verneinen, wenn die Lösungen der Fälle (a) und (b) materiell identisch sind. Diese Lösungen lauten:

$$x_F^* = \frac{1}{var(S)}\left(\frac{1}{\lambda(S)} E(S) - cov(S,C)\right) \tag{35a}$$

und

$$x_O^* = COV(Z,Z)^{-1}\left(\frac{1}{\lambda(Z)} E(Z) - COV(Z,C)\right) \tag{35b}$$

Das Gleichungssystem (35b) läßt sich auch wie folgt notieren:

$$var(Z_1)\ x_{O_1}^* + cov(Z_1,Z_2)\ x_{O_2}^* = \frac{1}{\lambda(Z)} E(Z_1) - cov(Z_1,C)$$

$$cov(Z_1,Z_2)\ x_{O_1}^* + var(Z_2)\ x_{O_2}^* = \frac{1}{\lambda(Z)} E(Z_2) - cov(Z_2,C)$$

Addiert man die beiden Gleichungen, so erhält man

$$\operatorname{cov}(Z_1, Z_1+Z_2) \cdot x^*_{O_1} \quad + \quad \operatorname{cov}(Z_1+Z_2, Z_2) \cdot x^*_{O_2} \quad =$$

$$\frac{1}{\lambda(Z)} E(Z_1+Z_2) \quad - \quad \operatorname{cov}(Z_1+Z_2, C)$$

bzw.

$$\operatorname{cov}(Z_1, S) \cdot x^*_{O_1} \quad + \quad \operatorname{cov}(Z_2, S) \cdot x^*_{O_2} \quad = \quad \frac{1}{\lambda(Z)} E(S) \quad - \quad \operatorname{cov}(S, C)$$

Die zusätzliche Einrichtung von Märkten für O_1 und O_2 ist für die Hedgingentscheidung bedeutungslos, falls $x^*_{O_1} = x^*_{O_2} = x^*_F$ gilt.

Dies impliziert

$$x^*_F = \frac{1}{\operatorname{var}(S)} \left(\frac{1}{\lambda(Z)} E(S) - \operatorname{cov}(S, C) \right)$$

und führt zum Widerspruch (vgl.(35a)), falls $\lambda(Z) \neq \lambda(S)$.

Nun gilt:

$$\left(\frac{1}{\lambda(S)} \right)^2 \quad = \quad \frac{\dfrac{\operatorname{cov}(S,C)^2}{\operatorname{var}(S)} + \Delta R}{\dfrac{E(S)^2}{\operatorname{var}(S)}} \quad = \quad \frac{\operatorname{cov}(Z_1+Z_2, C)^2 + \Delta R \cdot \operatorname{var}(Z_1+Z_2)}{E(Z_1+Z_2)^2} \quad =$$

$$\frac{\operatorname{cov}(Z_1,C)^2\left[1+\frac{\operatorname{cov}(Z_1,C)}{\operatorname{cov}(Z_2,C)}\right]^2 + \Delta R\cdot[\operatorname{var}(Z_1) + 2\operatorname{cov}(Z_1,Z_2) + \operatorname{var}(Z_2)]}{E(Z_1)^2\left[1+\frac{E(Z_2)}{E(Z_1)}\right]^2}$$

und

$$\left(\frac{1}{\lambda(Z)}\right)^2 = \frac{\operatorname{cov}(I_1,C)^2 + \operatorname{cov}(I_2,C)^2 + \Delta R}{E(I_1)^2 + E(I_2)^2} =$$

$$\frac{\operatorname{var}(C)\cdot\operatorname{corr}(Z_1,C)^2\left[1 + \frac{\left[\frac{\operatorname{corr}(Z_2,C)}{\operatorname{corr}(Z_1,C)} - \operatorname{corr}(Z_2,Z_1)\right]^2}{1 - \operatorname{corr}(Z_2,Z_1)^2}\right] + \Delta R}{\frac{E(Z_1)^2}{\operatorname{var}(Z_1)}\left[1 + \frac{\left[\frac{E(Z_2)}{E(Z_1)}\frac{\operatorname{std}(Z_1)}{\operatorname{std}(Z_2)} - \operatorname{corr}(Z_2,Z_1)\right]^2}{1 - \operatorname{corr}(Z_2,Z_1)^2}\right]}$$

Nehmen wir an, die instrumentalisierten Komponenten O_1 und O_2 seien für sich betrachtet völlig gleichwertige Hedginginstrumente, d. h. (vgl. hierzu die Ausführungen des Kapitels 2.2.1, insbesondere die Dominanzbeziehung (19)) wir nehmen an, es gelte:

$$\frac{\frac{E(Z_2)}{\operatorname{std}(Z_2)}}{\frac{E(Z_1)}{\operatorname{std}(Z_1)}} = \frac{\operatorname{corr}(Z_2,C)}{\operatorname{corr}(Z_1,C)} = 1$$

bzw.

$$\frac{E(Z_2)}{E(Z_1)} = \frac{cov(Z_2,C)}{cov(Z_1,C)} = \frac{std(Z_2)}{std(Z_1)} .$$

Dann gilt:

$$\left(\frac{1}{\lambda(S)}\right)^2 = \frac{cov(Z_1,C)^2}{E(Z_1)^2} + \frac{\Delta R \cdot [var(Z_1) + 2cov(Z_1,Z_2) + var(Z_2)]}{E(Z_1)^2 \left[1 + \frac{std(Z_2)}{std(Z_1)}\right]^2}$$

und

$$\left(\frac{1}{\lambda(Z)}\right)^2 = \frac{var(C) \cdot corr(Z_1,C)^2}{\frac{E(Z_1)^2}{var(Z_1)}} + \frac{\Delta R}{\frac{E(Z_1)^2}{var(Z_1)} \left[1 + \frac{\left(1 - corr(Z_2,Z_1)\right)^2}{1 - corr(Z_2,Z_1)^2}\right]} =$$

$$\frac{cov(Z_1,C)^2}{E(Z_1)^2} + \frac{\Delta R}{\frac{E(Z_1)^2}{var(Z_1)} \left[\frac{2}{1 + corr(Z_2,Z_1)}\right]}$$

Mithin gilt für die institutionell instrumentale Zerlegung der Zahlung S in zwei unter Hedginggesichtspunkten (im Sinne der dieser Arbeit zugrundeliegenden Hedgingkonzeption) gleichwertige Komponenten Z_1 und Z_2

$$\lambda(Z) = \lambda(S) \quad \Leftrightarrow$$

$$\frac{var(Z_1) + 2cov(Z_1,Z_2) + var(Z_2)}{\left(1 + \frac{std(Z_2)}{std(Z_1)}\right)^2} = \frac{var(Z_1)\left(1+corr(Z_1,Z_2)\right)}{2} \quad \Leftrightarrow$$

$$2std(Z_1)std(Z_2)\left(\frac{std(Z_1)}{std(Z_2)} + 2corr(Z_1,Z_2) + \frac{std(Z_2)}{std(Z_1)}\right) =$$

$$\left(std(Z_1)+std(Z_2)\right)^2\left(1+corr(Z_1,Z_2)\right) \quad \Leftrightarrow$$

$$corr(Z_1,Z_2)\left(std(Z_1)-std(Z_2)\right)^2 = \left(std(Z_1)-std(Z_2)\right)^2 \quad \Leftrightarrow$$

$$corr(Z_1,Z_2) = 1$$

Offensichtlich macht es bereits dann Sinn, Teilmärkte für die beiden - unter Hedginggesichtspunkten isoliert betrachtet gleichwertigen - Komponenten zu etablieren, wenn die Voraussetzung zur Erzielung von Diversifikationseffekten durch eine *flexible* Kombination beider Komponenten zu einem Hedgeportefeuille gegeben ist. Dieser Sachverhalt korrespondiert mit einem aus generellen Überlegungen zur Diversifikation bekannten Tatbestand. Es gilt generell für die Varianz einer aus zwei unsicheren Positionen bestehenden Gesamtposition:

$$var(Z_1+Z_2) = std(Z_1)std(Z_2)\left\{\frac{std(Z_1)}{std(Z_2)} + 2corr(Z_1,Z_2) + \frac{std(Z_2)}{std(Z_1)}\right\}$$

und somit unter der Annahme $std(Z_1) = std(Z_2)$, die wir machen, um spezielle Effekte der Höhe der isolierten Risiken auszuschalten,

$$\mathrm{var}(Z_1+Z_2) \; = \; 2\,\mathrm{var}(Z_1)\,\bigl(1+\mathrm{corr}(Z_1,Z_2)\bigr)\,,$$

woraus dann folgt:

$$\mathrm{corr}(Z_1,Z_2) \; < \; 1 \;\Leftrightarrow\; \mathrm{var}(Z_1+Z_2) \; < \; \mathrm{var}(2\cdot Z_1)\,,$$

d. h. eine Risikoreduktion gegenüber einer kumulativen Verbindung tritt schon ein, wenn man zwei nicht vollständig positiv korrelierte Einzelpositionen zusammenfaßt.

3 Vergleichende Untersuchung der Hedgingtauglichkeit von Forwardkontrakten und europäischen Optionen

Der Blickwinkel, aus dem heraus wir die Hedgingtauglichkeit von Forwardkontrakten mit derjenigen europäischer Optionen vergleichen werden, ist durch die oben angestellten Überlegungen zur ökonomischen Bewertung der institutionell instrumentalen Zerlegung unsicherer Zahlungen im Hedgingkontext geprägt. Macht man sich diesen Blickwinkel zu eigen, gewinnt der Aspekt der Hedgeportefeuillediversifikation entscheidenden Einfluß auf das Ergebnis des Vergleiches.

Den Nachweis hierfür haben wir bereits oben erbracht: das mit der Etablierung eigener Märkte für die beiden Bestandteile einer in zwei Komponenten zerlegten Zahlung geschaffene "Mehr" an Risikoallokationsmöglichkeiten wird immer angenommen, d. h. zu flexiblen Hedgeportefeuillestrategien genutzt, wenn die Voraussetzung für die Realisierung eines Diversifikationseffektes - im wesentlichen die Tatsache nicht vollständiger positiver Korreliertheit der Hedginginstrumente - gegeben ist.

Die eindeutige Identifikation des Diversifikationseffektes als auslösendes Moment für die Annahme einer flexiblen Strategie wurde möglich, indem wir unterstellten, daß das betrachtete Unternehmen die einzelnen Komponenten bei jeweils isolierter Betrachtung ihrer Hedgingeigenschaften als vollkommen gleichwertig einstufe.

Die Ergebnisse der nachfolgenden Analyse bestätigen tendenziell die verbreitete[60] Ansicht, Optionen seien Forwardkontrakten als Hedginginstrumente überlegen. Die dafür üblicherweise gelieferte Begründung und die hier abzuleitende sind allerdings völlig verschieden: Dem Diversifikationsgesichtspunkt

---

60 Vgl. die in Fußnote 1 zitierte Literatur

hier stehen die spezifischen Unterschiede in der Zahlungscharakteristik beider Arten von Hedginginstrumenten dort gegenüber.

Eben diese Unterschiede könnten Anlaß zu einer kritischen Betrachtung des Untersuchungsdesigns der vorliegenden Arbeit geben. In der Tat steht die Verwendung eines Streuungsmaßes, welches positive wie negative Abweichungen vom Erwartungswert gleichermaßen als Risiko qualifiziert, prima facie im Verdacht, zur Beurteilung der Hedgingtauglichkeit der in Rede stehenden Instrumente wenig geeignet zu sein. Vernichten doch auf der einen Seite Fixgeschäfte im Sinne des allgemeinen Sprachgebrauches Risiken und Chancen simultan, wohingegen der Erwerb von Optionen die Möglichkeit eröffnet, Risiken zu vernichten, ohne Chancen zu beeinträchtigen. Bei näherem Hinsehen verliert dieser Einwand jedoch deutlich an Gewicht, wenn man den Vergleich unter der von uns generell geforderten Bedingung durchführt, daß jedes einzelne Hedgingengagement im erwarteten Mittel einen positiven Nettoerlös erzielen muß, in den in unserer Formulierung die Marktbewertung der Instrumente einfließt.

Wir werden zeigen, daß auf arbitragefreien Märkten die beiden Optionsgeschäfte, die zusammengenommen einen im folgenden als "synthetisch" bezeichneten Forwardkontrakt generieren, jeweils für sich betrachtet genau dann einen positiven Nettoerlös, der sich aus der Differenz des Liquidationserlöses und des bei Abschluß zu zahlenden und daher aufzuzinsenden Preises (Optionsprämie) ergibt, erwarten lassen, wenn der entsprechende Forwardkontrakt einen positiven Liquidationserlös[61] erwarten läßt.

Ein entsprechendes Argument läßt sich für die Hedgingtauglichkeit entwickeln, wobei als notwendige Vorbedingung für die Hedgingtauglichkeit eines Instrumentes die negative Korreliertheit seiner Nettoerlöse mit der zu hedgenden Position zu nennen ist: die beiden Parten des synthetischen Forwardkontraktes sind genau dann jeweils für sich betrachtet negativ mit dem Cash Flow korre-

---

61 Der Liquidationserlös von Forwardkontrakten entspricht stets deren Nettoerlös, da sie im Zeitpunkt des Abschlusses definitionsgemäß keine Zahlungswirksamkeit besitzen.

liert, wenn der entsprechende Forwardkontrakt negativ mit dem Cash Flow korreliert ist.

In rein qualitativer Hinsicht ist somit jene - hypothetische - Komponente eines Forwardkaufes (bzw. -verkaufes), die mit einer Stillhalterposition in Verkaufsoptionen (bzw. Kaufoptionen) korrespondiert, der komplementären Position des Eigentümers von Kaufoptionen bzw. Verkaufsoptionen ebenbürtig[62].

Damit scheint der oben skizzierte Einwand jedoch keineswegs ausgeräumt, sondern vielmehr bestätigt, bedeutet doch die negative Korrelation der Stillhalterposition mit dem Cash Flow, daß man zwar davon ausgehen darf, im Mittel dann vom Optionsinhaber in Anspruch genommen zu werden, wenn der Cash Flow seine erwartete Höhe übertrifft, was aber vermeintlich nichts daran ändert, daß man für die Risikoreduktion im Eventualfall "draufzahlen" muß. Vergessen wird hierbei, daß die Stillhalterkomponente nach einer Aufrechnung der erhaltenen verzinsten Prämie mit dem Erwartungswert der zur Erfüllung der eingegangenen Verpflichtung eventuell zu leistenden Auszahlun-

---

62 Wir erinnern an folgende Zusammenhänge: Ist Z der Preis des zugrundeliegenden Instrumentes am Verfallstag, B der vereinbarte (Forward-)Preis, so ist der Forward-Kauf durch Z-B, der Forward-Verkauf durch B-Z charakterisiert. Nun gilt:

$$Z-B = \max(Z-B,\ 0) + \min(Z-B,\ 0) = \max(Z-B,\ 0) - \max(B-Z,\ 0)$$

sowie

$$B-Z = \max(B-Z,\ 0) + \min(B-Z,\ 0) = \max(B-Z,\ 0) - \max(Z-B,\ 0)$$

Daher gilt:

Forwardkauf		Kaufoption		Stillhalter Verkaufsoption
Z-B	=	max(Z-B, 0)	+	- max(B-Z, 0)

und

Forwardverkauf		Verkaufsoption		Stillhalter Kaufoption
B-Z	=	max(B-Z, 0)	+	- max(Z-B, 0)

gen einen positiven Nettoliquidationserlös erwarten läßt[63]. Dies impliziert, daß alle Umweltzustände, die zu positiven Abweichungen vom Erwartungswert führen[64], einen Nettozahlungsmittelzustrom bewirken und daß nicht alle Umweltzustände, die zu negativen Abweichungen vom Erwartungswert führen, einen Nettozahlungsmittelabstrom bewirken.

In diesem Zusammenhang besteht allerdings ein grundsätzlicher Unterschied zwischen der Stillhalterposition in Verkaufsoptionen, hier sind positive wie negative Abweichungen vom Erwartungswert beschränkt, und Stillhalterpositonen in Kaufoptionen, bei denen ebenfalls ein beschränktes positives Potential, aber ein unbeschränktes Potential negativer Abweichungen besteht, wenn eine obere Preisgrenze für den entsprechenden Basistitel nicht existiert.

Vereinfachend nehmen wir an, die zu vergleichenden Forwardkontrakte und europäischen Optionen lauteten auf Titel, die keine Rechte und Pflichten verbriefen und aus deren Eigentum keine Rechte und Pflichten abgeleitet werden können, die vor Fälligkeit der Terminkontrakte Zahlungen induzieren könnten[65]. In diesem Sinne sind die Instrumente als realtypisch und nicht als real zu bezeichnen.

---

63 In der Terminologie von Fußnote 62 gilt nämlich für den Nettoerlös der Stillhalterkomponenten

Verkaufsoption: $-\max(B-Z,\ 0) + p\,(1+r)$ (p für die "Put-Prämie")

Kaufoption: $-\max(Z-B,\ 0) + c\,(1+r)$ (c für die "Call-Prämie")

mit dem Zinssatz r.

64 Generell gilt, daß der tatsächliche Nettoerlös eines Stillhaltergeschäftes trotz einer Inanspruchnahme des Stillhalters durch den Inhaber der Option größer als dessen erwarteter Erlös sein kann. Unter Rekurs auf die in den beiden voranstehenden Fußnoten eingeführte Terminologie ergibt sich ein positiver Nettoerlös für die Stillhalterposition

- in der Verkaufsoption: $-\max(B-Z,\ 0) + p\,(1+r) \geq 0$ wenn $Z \geq B - p\,(1+r)$

- in der Kaufoption: $-\max(Z-B,\ 0) + c\,(1+r) \geq 0$ wenn $Z \leq B + c\,(1+r)$

65 Die einschlägige Literatur spricht in diesem Zusammenhang von "cost of carry"; treffender erscheint die Variante "cost and/or benefit of carry".

Die Beschränkung auf europäische Optionen ist unter dieser Annahme lediglich im Hinblick auf Verkaufsoptionen, deren vorzeitige Ausübung durch einen vor Fälligkeit der Option auf Null sinkenden Marktpreis des Basistitels geboten sein könnte, weil damit die Obergrenze für den Ausübungserlös erreicht wird und jedes Zuwarten nicht nur mit positiver Wahrscheinlichkeit niedrigere Ausübungserlöse sondern auch mit Sicherheit einen Zinsverlust induziert, restriktiv. Dies gilt nicht für Kaufoptionen, wenn die Möglichkeit zu Leerverkäufen des Basistitels besteht, weil der Leerverkauf aufgrund eines Zinsvorteils eine im Verleich zur vorzeitigen Ausübung dominante Strategie ist[66].

Einige durch Optionsmärkte geschaffene Risikoallokationsmöglichkeiten gewinnen in spezifischen Entscheidungssituationen zusätzlich an Bedeutung. Am Beispiel eines Hedgers, der sich der ausschließlichen Verfügbarkeit im Ausland gehandelter auf Fremdwährungsbasis abzuschließender Forwardkontrakte und Optionen gegenübergestellt sieht und dessen Hedgingentscheidung eine Konkurrenzbeziehung zwischen Preis- und Wechselkursrisiko (im Sinne entgegengesetzter Vorzeichen der jeweiligen Korrelation mit dem Cash Flow) zu gewärtigen hat, wollen wir zeigen, daß die größere Vielfalt von Risikoallokationsmöglichkeiten, die das Hedging mit Optionen im Vergleich zu demjenigen mit Forwardkontrakten bietet, zusätzliche Attraktivität gewinnen kann, wenn das Zusammenwirken mehrerer Risiken antizipiert werden muß.

Ein weiterer eigenständiger Gesichtspunkt sind die bei der Synthetisierung von Fixgeschäften durch europäische Optionen entstehenden bei Forwardkontrakten nicht gegebenen Variationsmöglichkeiten hinsichtlich der fixen zukünftigen Zahlung. Sie sind unter Umständen von Vorteil, wenn die Kontraktlaufzeiten der zur Verfügung stehenden Instrumente über den - wie eingangs begründet - verhältnismäßig kurz zu bestimmenden Hedginghorizont hinausreichen.

---

66 Vgl. *Merton, R. C.*, Theory of rational option pricing, BELL JOURNAL OF ECONOMICS 4 (1973), 141 - 183 sowie *Wilhelm, J.*, Arbitrage Theory, Berlin - Heidelberg et al. 1985, S. 90 - 91

3.1 Darstellung der Zahlungscharakteristik von Forwardkontrakten und europäischen Optionen

Zur Herleitung des soeben Behaupteten spezifizieren wir zunächst die Voraussetzungen, unter denen ein einzelner Forwardkontrakt, Risikoadäquanz, d. h. hinreichendes Hedgingpotential, vorausgesetzt, einen positiven Zielbeitrag erwarten läßt. Dazu notieren wir die charakteristische Funktion für die durch die Erfüllung eines in t auf den Zeitpunkt θ geschlossenen Forwardkontraktes im Liquidationszeitpunkt θ ausgelösten Zahlungen mit[67] [68]

$$F_\theta(t,\theta) = \operatorname{sgn}\Big(\operatorname{cov}(X_\theta, C_\theta)\Big) \cdot \Big\{ -X_\theta + X_t^\theta \Big\} \tag{36}$$

mit

X_θ : Marktpreis des Basistitels im Zeitpunkt θ

X_t^θ : in t vereinbarter Terminkurs; fällig in θ

und

C_θ : Cash Flow des Unternehmens in θ

---

67 Die oben in den Fußnoten 62, 63 und 64 verwendeten Bezeichnungen müssen wir hier wieder aufgeben, da es im folgenden auf den genauen Zeitbezug der einzelnen Zahlungen und Vereinbarungen ankommt.

68 Als Standard-Geschäft gehen wir von einem Verkauf aus; bei negativer Korrelation des zugrundeliegenden Titels mit dem Cash Flow wird über die Umkehr des Vorzeichens ein Kauf ausgelöst.

Wir gehen also von der üblichen Verfahrensweise aus, daß das Vorzeichen der Kovarianz zwischen Marktpreis des Basistitels und Cash Flow determiniert, ob per Termin gekauft ($cov(X_\theta, C_\theta) < 0$) oder verkauft ($cov(X_\theta, C_\theta) > 0$) wird. Wir setzen $cov(X_\theta, C_\theta) \neq 0$ voraus. Damit gilt unter allen Umständen

$$cov(F_\theta, C_\theta) = (-1) \cdot |cov(X_\theta, C_\theta)| < 0 \tag{37}$$

Somit lautet die notwendige Voraussetzung dafür, daß F_θ als Hedginginstrument in Betracht zu ziehen ist

$$E\{ F_\theta(t, \theta) \} > 0.$$

Es gilt

$$E\{ F_\theta(t, \theta) \} > 0 \Leftrightarrow \begin{cases} E(X_\theta) > X_t^\theta, & \text{falls } cov(X_\theta, C_\theta) < 0 \\ E(X_\theta) < X_t^\theta, & \text{falls } cov(X_\theta, C_\theta) > 0 \end{cases} \tag{38}$$

Auch Engagements in europäischen Optionen sind nur in Betracht zu ziehen, wenn deren Nettoliquidationserlös sowohl einen positiven Erwartungswert besitzt als auch negativ mit dem Cash Flow korreliert ist. Zur Überprüfung dieser Voraussetzungen benötigen wir die entsprechenden Ausdrücke.

Seien ($o \in \{ k,v \}$)

C_θ^o : die Bruttoliquidationserlöse (Ausübungserlöse) und

P^o : die Prämien (Optionspreise)

von Kauf- bzw. Verkaufsoptionen und

r_t^θ : der (deterministische) Zinssatz der stetigen Verzinsung für die Periode $[t,\theta]$,

dann bestimmt sich der nach Abzug der verzinsten Prämie verbleibende *Netto*liquidationserlös Z_θ^o wie folgt:

$$Z_\theta^o = C_\theta^o - P^o \cdot \exp\{+ r_t^\theta (\theta - t)\} \qquad (39)$$

3.2 Bewertungstheoretische Überlegungen

Zur Bestimmung der Erwartungswerte der Nettoliquidationserlöse benötigen wir die entsprechenden (deterministischen) Prämien. ROSS[69] hat gezeigt, daß das Prinzip der Arbitragefreiheit, demzufolge ein Titel, der in Zukunft in jedem Zustand nicht negative Zahlungen generiert, einen nicht negativen Preis haben muß, die Existenz folgender auf stochastischen, marktdeterminierten Diskontierungsfaktoren Q_t^θ beruhenden Bewertungsfunktionen impliziert[70]:

$$X_t = E(X_\theta \cdot Q_t^\theta) \quad (40)$$

$$\exp\{- r_t^\theta (\theta - t)\} = E(Q_t^\theta) \quad (41)$$

$$P^o = E\left\{ C_\theta^o(X_\theta, B) \cdot Q_t^\theta \right\} \quad (42)$$

---

69 Vgl. *Ross, S. A.*, A simple approach to the valuation of risky streams, JOURNAL OF BUSINESS 51 (1978), 453 - 475; die vorliegende Formulierung in Erwartungswerten findet sich z.B. in: *Wilhelm, J.*, Arbitrageorientierte Bewertung von Finanztiteln: eine Neuformulierung, Arbeitspapier 4/87 Universität Passau 1987, in Verbindung mit *Wilhelm, J.*, Arbitrage Theory, op. cit.. Neuerdings auch wieder bei *Ross, S. A.*, Information and Volatility: The no arbitrage martingale approach to timing and resolution irrelevancy, JOURNAL OF FINANCE (1989), 1 - 17

70 Bewertungsgleichung (40) gilt für jeden Titel, bei dem es ökonomisch gleichwertig ist, den Titel in der Periode [t,θ] physisch zu besitzen oder lediglich über den Anspruch auf den Titel für den Zeitpunkt θ zu verfügen; das ist gewöhnlich der Fall, wenn auf den Titel in der Periode [t,θ] keine Zahlungen erfolgen bzw. gefordert werden können. Bewertungsgleichung (41) ergibt sich aus (40) für einen Titel, der aus der Sicht von t in θ mit Sicherheit eine Geldeinheit erlöst. Bewertungsgleichung (42) folgt ebenfalls als Spezifikation der ersten, wenn man die charakteristischen Funktionen der betreffenden bedingten Titel einsetzt.

wobei die charakteristischen Funktionen für den Ausübungserlös wie folgt definiert sind (B repräsentiert den Basispreis):

$$C_\theta^k\,(X_\theta, B) = \max(\,X_\theta - B, 0\,) \qquad \text{(\underline{K}aufoption)}$$

und

$$C_\theta^v\,(X_\theta, B) = \max(\,B - X_\theta, 0\,) \qquad \text{(\underline{V}erkaufsoption)}$$

Die Bewertungsfunktion (40) kann in Analogie zu dem unmittelbar einleuchtenden (für den sogenannten "state-preference-Ansatz" charakteristischen) Ergebnis dahingehend interpretiert werden, daß jeder Titel, der für eine gewisse Anzahl von Zuständen bestimmte Zahlungen verbrieft, gäbe es Märkte für die einzelnen zustandsabhängigen Zahlungen, gerade mit der Summe der mit ihren Marktpreisen bewerteten zustandsabhängigen Zahlungen bewertet werden müßte, wenn Arbitragemöglichkeiten ausgeschlossen sein sollen[71].

Konkrete Wertzuweisungen können durch (40) und (42) nur erfolgen, wenn die Verteilungen von X_θ und Q_t^θ spezifiziert werden. Wie nahezu die gesamte finanzierungstheoretische Literatur[72] unterstellen auch wir für X_θ eine loga-

---

71 Vgl. *Arrow, K. J.*, Le rôle des valeurs boursières pour la repartition la meilleure des risques, in: Econométrie, Paris, Centre National de la Recherche Scientifique, 1953, 41 - 48; *Debreu, G.*, The Theory of Value, 3. Auflage, New York 1965; *Hirshleifer, J.*, Investment Decision under Uncertainty: choice - theoretic approaches, QUARTERLY JOURNAL OF ECONOMICS 79 (1965), 509 - 536; derselbe, Investment decision under uncertainty: applications of the state - preference - approach, QUARTERLY JOURNAL OF ECONOMICS 80 (1966), 252 - 277 sowie *Myers, S. C.*, A time - state - preference model of security valuation, JOURNAL OF FINANCIAL AND QUANTITATIVE ANALYSIS 3 (1968), 1 - 33

72 Diese Annahme ist vor allem vor dem Hintergrund der zeitstetigen Modellierung der Aktienkurse als geometrische Brownsche Bewegung im Rahmen der Optionspreistheorie zu sehen; vgl. *Black, F. and M. Scholes*, The pricing of options and

rithmische Normalverteilung, deren Vorherrschaft die Modellierung unsicherer Preisentwicklungen anbetreffend nicht zuletzt darin wurzelt, daß sich ihr Definitionsbereich nur über positive Zahlen erstreckt.

Für Q_t^θ unterstellen wir, einem auf Ergebnissen von RUBINSTEIN[73] und BRENNAN[74] fußenden Vorschlag von WILHELM[75] folgend, denselben Verteilungstyp.

Wir wollen diesen Verteilungstyp im Hinblick auf die besondere Bedeutung der Spezifikation der Verteilungsparameter im Rahmen eines Entscheidungsmodells etwas eingehender charakterisieren.

Formal bedeutet die Annahme gemeinsamer logarithmischer Normalverteilung für die in Betracht stehenden Zufallsvariablen folgendes:

$$X_\theta = X_t \cdot \exp\left\{ x_t^\theta \right\} \quad \text{mit} \quad x_t^\theta = x' \cdot g + E(x_t^\theta) \qquad (43)$$

und

$$Q_t^\theta = Q_t^t \cdot \exp\left\{ q_t^\theta \right\} \quad \text{mit} \quad q_t^\theta = q' \cdot g + E(q_t^\theta) \quad \text{und} \quad Q_t^t = 1 \qquad (44)$$

---

corporate liabilities, JOURNAL OF POLITICAL ECONOMY 81 (1973), S. 637 - 654

73 Vgl. *Rubinstein, M.*, The valuation of uncertain income streams and the pricing of options, BELL JOURNAL OF ECONOMICS 7 (1976), 407 - 425

74 Vgl. *Brennan, M. J.*, The pricing of contingent claims in discrete time models, JOURNAL OF FINANCE 24 (1979), 53 - 68

75 *Wilhelm, J.*, Erwartungsstruktur und bestandsökonomische Darstellung aus kapitalmarkttheoretischer Sicht, in: Rudolph, B. und J. Wilhelm (Hrsg.), Bankpolitik, finanzielle Unternehmensführung und die Theorie der Finanzmärkte,. Berlin 1988, S. 475 - 500

wobei g einem (k x 1)-Vektor Gaußscher Einheitsvariablen mit $k \in N^+$ entspricht (die Anzahl k der einzubeziehenden unabhängigen Risikoquellen hängt vom Untersuchungszweck ab; für Bewertungszwecke reicht meist k=2 aus; für die Betrachtung differenzierter risikopolitischer Maßnahmen kann und muß k größer gewählt werden).

Die Definition der Exponentialfunktion als Potenzreihe

$$\exp\{x\} = \sum_{i=0}^{\infty} \frac{x^i}{i!}$$

läßt unmittelbar erkennen, daß sich die unendliche Reihe um so besser durch die ersten beiden Summanden annähern läßt, je näher der Absolutbetrag von x bei Null liegt. Daher kann

$$\exp\left\{ E(x_t^\theta) \right\} \approx 1 + E(x_t^\theta) \qquad (45)$$

als brauchbare Annäherung angesehen werden, falls der Betrag von $E(x_t^\theta)$ deutlicher kleiner als 1 ist. Unter dieser Voraussetzung kann man $E(x_t^\theta)$ daher als für den Zeitraum von t bis θ approximativ erwartetes prozentuales Wachstum von X interpretieren.

Mit Hilfe quadratischer Ergänzungen[76] weist man nach, daß gilt

$$E(X_\theta) = X_t \cdot \exp\left\{ E(x_t^\theta) + \frac{1}{2} var(x_t^\theta) \right\} > X_t \cdot \exp\left\{ E(x_t^\theta) \right\} \quad (46)$$

Das bedeutet, daß das erwartete zukünftige Niveau einer logarithmisch normalverteilten Zufallsvariablen jenes Niveau systematisch überschreitet, das sich aus dem approximativ erwarteten prozentualen Wachstum errechnet. Diese von der Jensenschen Ungleichung[77] bestätigte Differenz wurzelt in der Konvexität der Exponentialfunktion. Die Konvexität impliziert, daß betragsmäßig übereinstimmende Abweichungen des Exponenten von seinem Erwartungswert mit positivem Vorzeichen versehen größere absolute Veränderungen hervorrufen als mit negativem[78], so daß die positive Verzerrung von X

---

76 Da wir die mit diesem Begriff korrespondierenden Umformungen im folgenden noch öfter durchführen werden, seien sie an dieser Stelle kurz skizziert: es gilt

$$\exp\{ x' \cdot g + E(x_t^\theta) \} \cdot \prod_{i=1}^{k} \frac{1}{\sqrt{2\pi}} \exp\left\{ -\frac{1}{2} g_i \right\} =$$

$$\exp\{ E(x_t^\theta) \} \cdot \prod_{i=1}^{k} \frac{1}{\sqrt{2\pi}} \exp\left\{ -\frac{1}{2} (g_i - x_i)^2 + \frac{1}{2} x_i^2 \right\} =$$

$$\exp\left\{ E(x_t^\theta) + \frac{1}{2} E(x' g g' x) \right\} \cdot \prod_{i=1}^{k} \frac{1}{\sqrt{2\pi}} \exp\left\{ -\frac{1}{2} (g_i - x_i)^2 \right\}$$

77 Vgl. z. B. *Karlin, S. and H. M. Taylor,* A first course in stochastic processes, 2. Aufl., New York - San Francisco - London 1975, S. 249 f. oder *Ingersoll, J. E., jr.,* Theory of financial Decision Making, Totowa N.J. (USA) 1987, S. 16

78 Eine kaufmännische Lesart dieses Sachverhaltes ist das " von unten Rechnen " prozentualer Abschläge.

bei symmetrischer Verteilung von x um den Erwartungswert unmittelbar einleuchtet.

Die erwarteten *Netto*liquidationserlöse bestimmen sich wie folgt:

$$E(Z^o_\theta) = E\left\{ C^o_\theta(X_\theta, B) \right\} - \frac{P^o}{E(Q^\theta_t)} \tag{47}$$

Wie WILHELM[79] mit Hilfe quadratischer Ergänzungen[80] und anschließender Variablensubstitutionen gezeigt hat, gilt mit

$$X_\theta := f(g) = X_t \cdot \exp\left\{ x' \cdot g + E(x^\theta_t) \right\}$$

$$P^o = E\left\{ C^o_\theta(f(g), B) \cdot Q^\theta_t \right\} = E(Q^\theta_t) \cdot E\left\{ C^o_\theta(f(g+q), B) \right\} =$$

$$E(Q^\theta_t) \cdot E\left\{ C^o_\theta \left(X_t \cdot \exp\left\{ x'(g+q) + E(x^\theta_t) \right\}, B \right) \right\} =$$

$$E(Q^\theta_t) \cdot E\left\{ C^o_\theta \left(X_\theta \cdot \exp\{ x' q \}, B \right) \right\} =$$

$$E(Q^\theta_t) \cdot E\left\{ C^o_\theta(X_\theta \cdot \exp\{ cov(x^\theta_t, q^\theta_t) \}, B) \right\} \tag{49}$$

---

79 Vgl. *Wilhelm, J.*, Erwartungsstruktur und bestandsökonomische Darstellung aus kapitalmarkttheoretischer Sicht, in: *Rudolph, B. und J. Wilhelm* (Hrsg.), Bankpolitik, finanzielle Unternehmensführung und die Theorie der Finanzmärkte, Berlin 1988, S. 475 - 500, insb. S. 489 f.

80 siehe Fußnote 75

Aus dem Sachverhalt, daß ein Forwardkontrakt im Zeitpunkt seiner Kontrahierung keine Zahlungen induziert, den wir formal wie folgt notieren:

$$F_t(t,\theta) = E\left\{ F_\theta(t,\theta) \cdot Q_t^\theta \right\} = 0 ,$$

folgt in Abwesenheit von " cost and/or benefit of carry " (vgl. oben Bewertungsgleichung (40)):

$$X_t^\theta \cdot E(Q_t^\theta) = X_t = E(X_\theta \cdot Q_t^\theta) = E(X_\theta) \cdot E(Q_t^\theta) \exp\{ \operatorname{cov}(x_t^\theta, q_t^\theta) \}$$

und somit

$$\varphi := \exp\{ \operatorname{cov}(x_t^\theta, q_t^\theta) \} = \frac{X_t^\theta}{E(X_\theta)} \tag{50}$$

Hieraus folgt

$$E(\varphi \cdot X_\theta) = X_t^\theta \tag{51}$$

Einsetzen von (49) in (47) führt in Verbindung mit (50) auf

$$E(Z_\theta^o) = E\left\{ C_\theta^o(X_\theta, B) \right\} - E\left\{ C_\theta^o(\varphi \cdot X_\theta, B) \right\} \tag{52}$$

Ist der Cash Flow des Unternehmens ebenfalls logarithmisch normalverteilt[81], d. h.

$$C_\theta := C_t \cdot \exp\{ c_t^\theta \} \qquad \text{mit} \qquad c_t^\theta := c' g + E(c_t^\theta) \tag{53}$$

dann bestimmen sich die Kovarianzen der Nettoliquidationserlöse beider Optionstypen $o \in \{ k, v \}$ mit dem Cash Flow wie folgt[82]

$$\text{cov}(Z_\theta^o, C_\theta) = \text{cov}(C_\theta^o(X_\theta, B), C_\theta) =$$

$$E\left\{ C_\theta^o(f(g), B) \cdot C_\theta \right\} - E(C_\theta) \cdot E\left\{ C_\theta^o(X_\theta, B) \right\} =$$

$$E(C_\theta) \cdot \left[E\left\{ C_\theta^o(f(g+c), B)\right\} - E\left\{ C_\theta^o(X_\theta, B) \right\} \right] =$$

$$E(C_\theta) \cdot \left[E\left\{ C_\theta^o(\alpha \cdot X_\theta, B)\right\} - E\left\{ C_\theta^o(X_\theta, B) \right\} \right] \tag{54}$$

mit $\alpha := \exp\{ \text{cov}(x_t^\theta, c_t^\theta) \}$.

---

81 Diese Annahme ist insoweit restriktiv, als damit negative Cash Flows generell ausgeschlossen sind. Die wesentlichen Schlußfolgerungen aus den im folgenden auf der Grundlage dieser Verteilungsannahme abgeleiteten quantitativen Resultaten erscheinen jedoch nicht an diese spezifische Verteilungsannahme gebunden.

82 Es ist analog zu der Verfahrensweise bei der Herleitung der Prämienfunktionen vorzugehen (vgl. Gl. (49))

3.3 Schlußfolgerungen für die Praxis des Hedging mit Forwardkontrakten und Optionen

Die folgenden Schlußfolgerungen knüpfen an unterschiedliche Entscheidungssituationen an. Grundsätzlich wird die in Kapitel 2.2.1 dargestellte Entscheidungssituation zugrundegelegt: Es ist nur ein einziges Hedginginstrument einzusetzen[83], welches die dort präzisierten Anforderungen an die Zulässigkeit von Hedginginstrumenten erfüllen muß, d. h. es muß die geforderte Risikoreduktion ermöglichen - diese Bedingung nehmen wir stets als erfüllt an - und einen positiven Erlös erwarten lassen.

Verglichen werden im Inland gehandelte und auf DM-Basis kontrahierte Forwardkontrakte, deren Laufzeit mit dem Hedginghorizont kongruent ist.

Die zuletzt genannten Annahmen werden in den Kapiteln 3.3.3 und 3.3.4 jeweils einzeln aufgehoben. Kapitel 3.3.3 behandelt die Komplikationen des Hedging mit im Ausland gehandelten und auf Fremdwährungsbasis kontrahierten Termingeschäften beider Arten und Kapitel 3.3.4 untersucht die Auswirkungen von Laufzeitinkongruenzen.

---

83 Hierbei behandeln wir synthetische Fixgeschäfte, die sich durch die Kombination zweier Optionsgeschäfte generieren lassen, als ein Geschäft.

3.3.1 Vergleich der Hedgingtauglichkeit von Forwardkontrakten und synthetischen Fixgeschäften bei mit dem Hedginghorizont kongruenten Laufzeiten

Für die nachfolgenden Schlußfolgerungen benötigen wir folgende auf dem eben gerade beschrittenen Weg (d. h. unter der spezifischen Verteilungsannahme gemeinsamer logarithmischer Normalverteilung von X_θ und C_θ) abzuleitende Beziehung:

$$\mathrm{cov}(X_\theta, C_\theta) = E(X_\theta)\cdot E(C_\theta)\cdot \left\{\exp\{\,\mathrm{cov}(x_t^\theta, c_t^\theta)\,\} - 1\right\} \qquad (55)$$

Sie impliziert :

$$\mathrm{cov}(X_\theta, C_\theta) > (<)\; 0 \quad \Leftrightarrow \quad \mathrm{cov}(x_t^\theta, c_t^\theta) > (<)\; 0 \qquad (56)$$

Im Anhang zeigen wir unter B und C , daß gilt:

$$E\{\, C^o(X, B)\} = f^o(E(X), B, \mathrm{std}(x)) \qquad (57)$$

mit

$$\frac{\partial f^k}{\partial E(X)} > 0 \qquad (58)$$

und

$$\frac{\partial f^v}{\partial E(X)} < 0 \qquad (59)$$

Unter Berücksichtigung dessen folgt unmittelbar aus (52) in Verbindung mit (51):

$$E(Z_\theta^k) > (<) \ 0 \quad \Leftrightarrow \quad E(X_\theta) > (<) \ E(\varphi \cdot X_\theta) \quad \Leftrightarrow \quad E(X_\theta) > (<) \ X_t^\theta \qquad (60a)$$

sowie analog

$$E(Z_\theta^v) > (<) \ 0 \quad \Leftrightarrow \quad E(X_\theta) < (>) \ X_t^\theta \qquad (60b)$$

und aus (54):

$$\mathrm{cov}(Z_\theta^k, C_\theta) > (<) \ 0 \quad \Leftrightarrow \quad E(\alpha X) > (<) \ E(X) \quad \Leftrightarrow$$

$$\mathrm{cov}(x_t^\theta, c_t^\theta) > (<) \ 0 \quad \Leftrightarrow \quad \mathrm{cov}(X_\theta, C_\theta) > (<) \ 0 \qquad (61a)$$

sowie analog

$$\mathrm{cov}(Z_\theta^v, C_\theta) > (<) \ 0 \quad \Leftrightarrow \quad \mathrm{cov}(X_\theta, C_\theta) < (>) \ 0 \qquad (61b)$$

Es gilt also immer (sei o^c das Komplementärelement zu o)

$$\mathrm{sgn}(E(Z_\theta^o)) = - \mathrm{sgn}(E(Z_\theta^{o^c})) = \mathrm{sgn}(E(-Z_\theta^{o^c})) \qquad (62)$$

und

$$\mathrm{sgn}(\mathrm{cov}(Z_\theta^o, C_\theta)) = - \mathrm{sgn}(\mathrm{cov}(Z_\theta^{o^c}, C_\theta)) = \mathrm{sgn}(\mathrm{cov}(-Z_\theta^{o^c}, C_\theta)) \qquad (63)$$

Damit ist gezeigt, daß mit dem Erwerb einer bestimmten Art von Optionen stets auch ein Stillhaltergeschäft mit Optionen der komplementären Art als Hedgingengagement in Betracht zu ziehen ist.

Leicht prüft man mit Hilfe von (38), (60a) und (61a) in Verbindung mit (36) nach, daß mit dem Forwardkauf[84] stets der Erwerb von Kaufoptionen und damit unter Brücksichtigung der soeben gezogenen Schlußfolgerung ein Stillhaltergeschäft in Verkaufsoptionen und (analog mit (60b) und (61b))mit dem Forwardverkauf[85] der Erwerb von Verkaufsoptionen und damit auch ein Stillhaltergeschäft in Kaufoptionen in Betracht zu ziehen ist.

Es liegt daher nahe, zu prüfen, ob bereits die bei der Kombination von jeweils zwei Optionsgeschäften zu synthetischen Fixgeschäften gegebenen Wahlmöglichkeiten hinsichtlich der Basis und damit des Terminpreises zu einer Bevorzugung von Optionsgeschäften führen können. Wir werden zeigen, daß die Höhe des Terminpreises auf arbitragefreien Märkten irrelevant ist, wenn der Hedgingerfolg ausschließlich von der Zahlungscharakteristik bei Fälligkeit determiniert wird, d. h. wenn die Laufzeit der in Betracht gezogenen Termingeschäfte mit dem Hedginghorizont kongruent ist.

Sei S_θ der Nettoliquidationserlös eines synthetisierten Fixgeschäftes, dann gilt:

$$S_\theta := \operatorname{sgn}\left(\operatorname{cov}(X_\theta, C_\theta)\right) \left\{ Z_\theta^v - Z_\theta^k \right\} =$$

$$\operatorname{sgn}\left(\operatorname{cov}(X_\theta, C_\theta)\right) \left\{ C_\theta^v - C_\theta^k - \frac{P^v - P^k}{E(Q_t^\theta)} \right\} =$$

---

84 Bedingung ist: $\operatorname{cov}(X_\theta, C_\theta) < 0$ und $E(X_\theta) > X_t^\theta$

85 Bedingung ist: $\operatorname{cov}(X_\theta, C_\theta) > 0$ und $E(X_\theta) < X_t^\theta$

$$\operatorname{sgn}\Big(\operatorname{cov}(X_\theta,C_\theta)\Big)\left\{\max(B-X_\theta,0) - \max(X_\theta-B,0) - \frac{p^v - p^k}{E(Q_t^\theta)}\right\} =$$

$$\operatorname{sgn}\Big(\operatorname{cov}(X_\theta,C_\theta)\Big)\left\{\max(B-X_\theta,0) + \min(B-X_\theta,0) - \frac{p^v - p^k}{E(Q_t^\theta)}\right\} =$$

$$\operatorname{sgn}\Big(\operatorname{cov}(X_\theta,C_\theta)\Big)\left\{B - X_\theta - \frac{p^v - p^k}{E(Q_t^\theta)}\right\} =$$

$$\operatorname{sgn}\Big(\operatorname{cov}(X_\theta,C_\theta)\Big)\left\{-X_\theta + X_t^\theta - X_t^\theta + B - \frac{p^v - p^k}{E(Q_t^\theta)}\right\} =$$

$$F_\theta(t,\theta) + \operatorname{sgn}\Big(\operatorname{cov}(X_\theta,C_\theta)\Big)\left\{B - X_t^\theta - \frac{p^v - p^k}{E(Q_t^\theta)}\right\} \qquad (64)$$

Die Generierung des sicheren Zahlungsstromes

$$B - X_t^\theta - \frac{p^v - p^k}{E(Q_t^\theta)}$$

durch einen synthetischen Fixverkauf zum Basispreis B nebst gleichzeitigem Forwardkauf bedarf keines Kapitaleinsatzes in t; im Arbitragegleichgewicht gilt mithin

$$B - X_t^\theta - \frac{p^v - p^k}{E(Q_t^\theta)} = 0$$

und somit: $S_\theta = F_\theta(t,\theta)$. (65)

3.3.2 Zur Existenz von Dominanzbeziehungen zwischen einzelnen Optionsgeschäften und einzelnen Forwardkontrakten

Im folgenden werden wir zeigen, daß eine Bedingungskonstellation existiert, in welcher wenigstens eines der jeweils in Betracht zu ziehenden Optionsgeschäfte dem gleichfalls in Frage kommenden Forwardkontrakt eindeutig vorzuziehen ist. Hierzu nehmen wir zunächst an, die folgenden drei Beziehungen seien erfüllt:

(a) $\mathrm{cov}(Z^o, C) = \mathrm{cov}(-Z^{o^c}, C)$

(b) $E(Z^o) = E(-Z^{o^c})$

(c) $\mathrm{cov}(Z^o, -Z^{o^c}) > 0$

Dann gilt:

$$\mathrm{cov}(Z^o, C) = \mathrm{cov}(-Z^{o^c}, C) = \frac{1}{2}\,\mathrm{cov}(Z^o + (-Z^{o^c}), C) =$$

$$\frac{1}{2}\ \mathrm{cov}(S, C) = \frac{1}{2}\ \mathrm{cov}(F, C)$$

(Die Gültigkeit der letzten Identität folgt auch ohne die Arbitragefreiheitsannahme unmittelbar aus der Tatsache, daß fixe Zahlungen keinen Einfluß auf die Kovarianz haben.)

sowie

$$E(Z^o) = E(-Z^{o^c}) = \frac{1}{2}\, E(Z^o + (-Z^{o^c})) =$$

$$\frac{1}{2}\, E(S) = \frac{1}{2}\, E(F)$$

(Die Gültigkeit der letzten Identität ist eine Implikation der Arbitragefreiheitsannahme)

Da ferner (es gilt ja: $\mathrm{var}(F) = \mathrm{var}(Z^o) + 2\mathrm{cov}(Z^o, -Z^{o^c}) + \mathrm{var}(Z^{o^c})$)

$$\left(\mathrm{var}(Z^o) \geq \frac{1}{2}\,\mathrm{var}(F)\right) \text{ und } \left(\mathrm{var}(Z^{o^c}) \geq \frac{1}{2}\,\mathrm{var}(F)\right)$$

unter Berücksichtigung von Annahme (c) stets falsch ist, d. h. stets wenigstens eines der beiden Optionsgeschäfte eine Varianz besitzt, die kleiner als die Hälfte der Varianz des Forwardkontraktes ist, wird der Forwardkontrakt F nach dem in Kapitel 2.2.1 abgeleiteten Dominanzkriterium (19) unter den getroffenen Annahmen von wenigstens einem Optionsgeschäft dominiert, wenn generell nur eine Art von Hedgingengagements in Betracht kommt.

An dieser Restriktion sollte allerdings nicht festgehalten werden, haben wir doch in Kapitel 2.3 gezeigt, daß der ökonomische Wert zusätzlicher Risikoallokationsmöglichkeiten - durch Einführen einer Positionszerlegung - eng mit den aus diesen erwachsenden Möglichkeiten zur Diversifikation eines Hedgeportefeuilles verzahnt ist. Da die beiden Optionsgeschäfte, die zusammengenommen ein Fixgeschäft synthetisieren, nicht perfekt korreliert sind (es gilt: $Z^o = X + Z^{o^c}$, d. h. Z^o ist keine deterministische lineare Funktion von Z^{o^c}), sollte stets ein optimales Hedgeportefeuille aus Long- und Shortpositionen in Kauf- und Verkaufsoptionen in Betracht gezogen werden. Dabei müssen die Basispreise nicht notwendigerweise übereinstimmen. Die Bestimmung der für den Optimalkalkül benötigten Parameter Erwartungswert und Kovarianz haben wir oben behandelt. In Anhang E zeigen wir, wie man die ebenfalls benötigten Varianzen der Nettoliquidationserlöse von Kauf- und Verkaufsoptionen berechnet.

Es bleibt noch zu zeigen, daß die Annahmen (a), (b) und (c) erfüllbar sind :

Wir erinnern zu diesem Zweck an folgende Beziehungen

$$\operatorname{cov}(Z^o, C) = E(C_\theta) \cdot \left[f^o(\alpha \cdot E(X_\theta), ., .) - f^o(E(X_\theta), ., .) \right]$$

und

$$E(Z^o) = f^o(E(X_\theta), ., .) - f^o(\varphi \cdot E(X_\theta), ., .)$$

Hieraus folgt unter der Voraussetzung $\alpha = \varphi$ unmittelbar

$$\operatorname{cov}(Z^o, C) = - E(C) \cdot E(Z^o)$$

Unter der zusätzlichen Voraussetzung

$$E(Z^o) = E(-Z^{o^c})$$

folgt

$$cov(Z^o, C) = -E(C) \cdot E(Z^o) = -E(C) \cdot E(-Z^{o^c}) =$$

$$E(C) \cdot E(Z^{o^c}) = -cov(Z^{o^c}, C) = cov(-Z^{o^c}, C)$$

Die Voraussetzungen (a) und (b) sind also erfüllbar, wenn

$$E(Z^o) = E(-Z^{o^c})$$

unter Wahrung der bisher getroffenen Annahmen erfüllbar ist. Den Nachweis erbringen wir in Anhang D.

Voraussetzung (c) ist stets erfüllt; es gilt:

$$cov(Z^o, -Z^{o^c}) = cov(C^o, -C^{o^c}) = -cov(C^o, C^{o^c}) =$$

$$(-1) \left(E(C^o \cdot C^{o^c}) - E(C^o) \cdot E(C^{o^c}) \right) =$$

$$-E\{max(X-B,0) \cdot max(B-X,0)\} + E(C^o) \cdot E(C^{o^c})$$

Offensichtlich ist der Erwartungswert eines Produktes zweier Faktoren, deren einer genau dann gleich Null ist, wenn der jeweils andere ungleich Null ist, ebenfalls Null. Somit gilt

$$cov(Z^o, -Z^{o^c}) = E(C^o) \cdot E(C^{o^c}) > 0$$

3.3.3 Zum Hedging mit in fremder Währung denominierten Forwardkontrakten und Optionen

Im folgenden halten wir an dem Grundtatbestand der bisherigen Analyse fest, demzufolge nur ein einziges Hedginginstrument eingesetzt werden soll. Wir unterstellen, es seien lediglich im Ausland gehandelte und in der entsprechenden Währung denominierte Forwardkontrakte und Optionen verfügbar und werden diesen Sachverhalt im folgenden durch die Wahl des Attributes "ausländisch" in Verbindung mit den Hedginginstrumenten adressieren. Ferner unterstellen wir, daß die geforderte Risikoreduktion stets erreichbar ist, wenn die beiden anderen Zulässigkeitsvoraussetzungen (in Stichworten: positiver Erwartungswert und negative Kovarianz mit dem Cash Flow) für die Aufnahme in die Alternativenmenge potentieller Hedginginstrumente erfüllt ist. Sowohl der Preis (Optionsprämie) als auch sämtliche Ausstattungsmerkmale von Termingeschäften beider Arten beziehen sich nun jedoch auf eine fremde Währung.

Eine einfache Überlegung läßt deutlich werden, daß die größere Vielfalt von Risikoallokationsmöglichkeiten, die das Hedging mit Optionen im Vergleich zu demjenigen mit Forwardkontrakten bietet, durch das Zusammenwirken mehrerer Risiken zusätzlich an Attraktivität gewinnen kann. Dies ist beispielsweise für die Situation zu konstatieren, in der die Konkurrenz eines Wechselkurs- und eines Preisrisikos (in fremder Währung) die Hedgingentscheidung zumindest auf den ersten Blick zu komplizieren scheint.

Der Begriff Konkurrenz ist hier im Sinne entgegengesetzter Vorzeichen der Kovarianzen der entsprechenden Zufallsvariablen mit dem zu hedgenden Cash Flow zu verstehen. Inbegriff des Hedging ist, wie bereits eingangs erwähnt, die Bereitstellung kompensierender Zahlungen in den Umweltkonstellationen, die zu geringeren als den im Mittel erwarteten Erlösen führen. Wenn diese Zahlungen in fremder Währung anfallen und mithin getauscht werden müssen, dann kommt es dem Streben nach Risikobegrenzung in besonderer Weise entgegen, wenn der Wechselkurs negativ mit dem Cash Flow korreliert ist, weil dann die kompensierende Zahlung im erwarteten Mittel zu überdurchschnittlichen Wechselkursen getauscht werden kann. Genau dieser Effekt läßt auf fremde Währung lautende Verkaufsoptionen bei positiver Korrelation des Preises (in fremder Währung) mit dem Cash Flow, die annahmegemäß eine negative Korrelation des Wechselkurses mit dem Cash Flow impliziert, als ideales Hedginginstrument erscheinen.

Diese Überlegung erscheint uns Anlaß genug, die Situation eingehender zu analysieren. Dabei verdient insbesondere die Tatsache Beachtung, daß der Nettoerlös von Optionsgeschäften im Gegensatz zu dem von Forwardkontrakten nicht ausschließlich vom zukünftig erwarteten Wechselkurs sondern aufgrund stets zu berücksichtigender Prämienzahlungen auch vom jeweiligen Kassakurs abhängt, wenn die Fremdfinanzierung der Prämien über den heimischen Kapitalmarkt erfolgt.

Wir gehen in unserer Analyse von der idealtypischen Annahme aus, die Kovarianzen des Wechselkurses sowie des in fremder Währung notierenden Preises mit dem Cash Flow konkurrierten dergestalt, daß eine Beeinflussung des Preisrisikos durch den Abschluß ausländischer Forwardkontrakte ausgeschlossen ist. D. h. Engagements in ausländischen Forwardkontrakten entfalten für sich genommen ausschließlich über die stochastische Wechselwirkung zwischen Wechselkurs und Cash Flow und bei Abschluß eines ergänzenden Devisentermingeschäftes, welches den Gegenwert des Terminpreises in heimischer Währung gegen Wechselkursschwankungen absichert, überhaupt keine Hedgingwirkung. Formal ist unsere Annahme wie folgt zu charakterisieren (wir bezeichnen auf den Wechselkurs bezogene Preisgrößen mit W):

Sei F_θ^k die Zahlungscharakteristik eines Forwardkaufes in fremder Währung:

$$F_\theta^k := X_\theta - X_t^\theta \,, \qquad (66)$$

dann beträgt der Nettoliquidationserlös des Forwardkaufes in heimischer Währung $W_\theta F^k_\theta$ und es gilt:

$$\mathrm{cov}(W_\theta F^k_\theta, C_\theta) = \mathrm{cov}(W_\theta \cdot X_\theta, C_\theta) - X^\theta_t \mathrm{cov}(W_\theta, C_\theta).$$

In Kombination mit dem Forwardkauf des zur Begleichung des Forwardpreises erforderlichen Fremdwährungsbetrages, erhält man folgenden Nettoliquidationserlös (es gelte: ${}_wF^k_\theta = W_\theta - W^\theta_t$):

$$K_\theta := W_\theta F^k_\theta + X^\theta_t \cdot {}_wF^k_\theta = W_\theta \cdot (X_\theta - X^\theta_t) + X^\theta_t \cdot (W_\theta - W^\theta_t) =$$

$$W_\theta \cdot X_\theta - W^\theta_t \cdot X^\theta_t \qquad (67)$$

Daraus folgt unmittelbar ($W^\theta_t \cdot X^\theta_t$ ist deterministisch):

$$\mathrm{cov}(K_\theta, C_\theta) = \mathrm{cov}(W_\theta \cdot X_\theta, C_\theta)$$

Unsere Analyse basiert auf der idealtypischen Annahme

$$\mathrm{cov}(W_\theta \cdot X_\theta, C_\theta) = 0,$$

so daß die Beeinflussung des Preisrisikos mit Forwardkontrakten wegen

$$\mathrm{cov}(W_\theta F^k_\theta, C_\theta) = - X^\theta_t \mathrm{cov}(W_\theta, C_\theta) \qquad (68)$$

und

$$\mathrm{cov}(K_\theta, C_\theta) = 0 \qquad (69)$$

de facto ausgeschlossen ist (Offensichtlich wird im ersten Fall Hedgingwirkung ausschließlich über die stochastische Wechselwirkung zwischen Wechselkurs und Cash Flow entfaltet).

Zunächst wollen wir die Annahme $\mathrm{cov}(W_\theta \cdot X_\theta, C_\theta) = 0$ unter Rekurs auf die für die vorliegende Untersuchung grundlegende Verteilungsannahme eingehender charakterisieren. Wir unterstellen, der Wechselkurs W sei gemeinsam mit dem Cash Flow C und dem in fremder Währung notierenden Preis X logarithmisch normalverteilt - d. h.

$$W_\theta = W_t \cdot \exp\{ w_t^\theta \} \quad \text{mit} \quad w_t^\theta = w'g + E(w_t^\theta) \quad - \qquad (70)$$

dann gilt

$$\mathrm{cov}(W_\theta \cdot X_\theta, C_\theta) = E(W_\theta) \cdot E(X_\theta) \cdot E(C_\theta) \exp \{ \mathrm{cov}(w_t^\theta, x_t^\theta) \} \cdot$$

$$\cdot \left(\exp\left\{ \mathrm{cov}(w_t^\theta, c_t^\theta) + \mathrm{cov}(x_t^\theta, c_t^\theta) \right\} - 1 \right)$$

und somit

$$\mathrm{cov}(W_\theta \cdot X_\theta, C_\theta) = 0 \quad \Leftrightarrow \quad \mathrm{cov}(w_t^\theta, c_t^\theta) = - \mathrm{cov}(x_t^\theta, c_t^\theta) \ . \qquad (71)$$

Offensichtlich führt die multiplikative Verknüpfung von W und X dazu, daß sich die betragsgleichen aber mit umgekehrten Vorzeichen versehenen *Kovarianzen zwischen dem angenäherten prozentualen Wachstum* von Wechselkurs und Cash Flow einerseits sowie von Fremdwährungspreis und Cash Flow andererseits gerade absorbieren.

Wir betrachten nun ausgehend von $cov(W_\theta \cdot X_\theta, C_\theta) = 0$ die Bedingungen, unter denen die bislang einzig verbleibende Hedgingalternative, nämlich der Abschluß eines Forwardkontraktes im Ausland unter Verzicht auf ein ergänzendes Devisentermingeschäft, einen positven Erwartungswert und eine negative Kovarianz des Nettoliquidationserlöses mit dem Cash Flow besitzt. Im Anschluß an die Ermittlung dieser Bedingungen werden wir sie mit denjenigen vergleichen, unter welchen Engagements in ausländischen Optionen in der durch $cov(W_\theta \cdot X_\theta, C_\theta) = 0$ charakterisierten Ausgangslage zweckmäßig sind.

Sei (ist die Kovarianz des Wechselkurses mit dem Cash Flow positiv, dann wird ein Forwardkauf, ist sie negativ, dann wird ein Forwardverkauf getätigt):

$$F_\theta(t,\theta) := \operatorname{sgn}\Big(cov(W_\theta, C_\theta)\Big)\Big[W_\theta \cdot (X_\theta - X_t^\theta)\Big] \tag{72}$$

dann gilt (vgl. (68))

$$cov(F_\theta, C_\theta) = (-X_t^\theta) \cdot |cov(W_\theta, X_\theta)| \tag{73}$$

sowie

$$E(F_\theta) > 0 \Leftrightarrow \begin{cases} E(W_\theta \cdot X_\theta) > X_t^\theta \cdot E(W_\theta) & \text{falls } cov(W_\theta, C_\theta) > 0 \\ E(W_\theta \cdot X_\theta) < X_t^\theta \cdot E(W_\theta) & \text{falls } cov(W_\theta, C_\theta) < 0 \end{cases} \tag{74}$$

wobei gilt:

$$E(W_\theta \cdot X_\theta) \;>(<)\; X_t^\theta \cdot E(W_\theta) \quad \Leftrightarrow \quad \exp\{\operatorname{cov}(w_t^\theta, x_t^\theta)\} \;>(<)\; \frac{X_t^\theta}{E(X_\theta)}$$

Zum Vergleich von Hedgingengagements in ausländischen Forwardkontrakten mit solchen in ausländischen Optionen treffen wir zunächst folgende Vereinbarungen: Seien

Θ_t^θ : der Q_t^θ entsprechende *ausländische* marktdeterminierte stochastische Diskontierungsfaktor und

ρ_t^θ : der r_t^θ entsprechende *ausländische* Zinsfuß

dann gilt, falls die Prämie auf dem ausländischen Kapitalmarkt fremdfinanziert wird,

$$Z_\theta^o = W_\theta\left(C_\theta^o - P^o \cdot \exp\left\{+\rho_t^\theta\,(\theta - t)\right\}\right)$$

In Verbindung mit

$$P^o = E(\Theta_t^\theta) \cdot f^o(X_t^\theta, B, \operatorname{std}(x_t^\theta))$$

und

$$\exp\left\{+\rho_t^\theta\,(\theta - t)\right\} = \frac{1}{E(\Theta_t^\theta)}$$

gilt also

$$\mathrm{cov}(Z_\theta^o, C_\theta) = \mathrm{cov}(W_\theta \cdot C_\theta^o, C_\theta) - f^o(X_t^\theta, B, \mathrm{std}(x_t^\theta)) \cdot \mathrm{cov}(W_\theta, C_\theta)$$

Um den Einfluß des Wechselkursrisikos aus der Fremdwährungsverschuldung in Höhe der Optionsprämie zu eliminieren, erscheint es angebracht, den DM Gegenwert der Optionsprämie auf dem inländischen Kapitalmarkt zu beschaffen; dann erhalten wir bei Fälligkeit folgenden Nettoliquidationserlös in DM[86]:

$$Z_\theta^{o*} = W_\theta \cdot C_\theta^o - W_t \cdot P^o \exp\left\{+ r_t^\theta\ (\theta - t)\right\} =$$

$$W_\theta \cdot C_\theta^o - W_t \cdot \exp\left\{(+r_t^\theta - \rho_t^\theta)(\theta - t)\right\} f^o(X_t^\theta, B, \mathrm{std}(x_t^\theta)) \qquad (75)$$

Arbitragefreiheit erfordert, daß der DM-Gegenwert des Anspruchs auf zukünftige Lieferung einer Fremdwährungseinheit auf allen Märkten, auf denen solche Ansprüche gehandelt werden, übereinstimmt; daher muß das Zinsparitätentheorem gelten:

$$W_t \cdot \exp\left\{-\rho_t^\theta(\theta - t)\right\} = W_t^\theta \cdot \exp\left\{-r_t^\theta(\theta - t)\right\}$$

bzw.

86 " * " dient der Kennzeichnung des Sachverhaltes, daß die Optionsprämie auf dem inländischen Kapitalmarkt beschafft wird.

$$W_t^\theta = W_t \cdot \exp\left\{(+r_t^\theta - \rho_t^\theta)(\theta - t)\right\}$$

Somit gilt:

$$Z_\theta^{o*} = W_\theta \cdot C_\theta^o - W_t^\theta \cdot f^o(X_t^\theta, B, \mathrm{std}(x_t^\theta)) \qquad (75a)$$

und damit unter den speziellen Verteilungsannahmen :

$$\mathrm{cov}(Z_\theta^{o*}, C_\theta) = \mathrm{cov}(W_\theta \cdot C_\theta^o, C_\theta) = E(W_\theta \cdot C_\theta^o \cdot C_\theta) - E(W_\theta \cdot C_\theta^o)E(C_\theta) =$$

$$E(W_\theta) \cdot E(C_\theta) \left\{ \exp\{\mathrm{cov}(w_t^\theta, c_t^\theta)\} \cdot E\left(C_\theta^o(\upsilon\varpi \cdot X_\theta)\right) - E\left(C_\theta^o(\varpi \cdot X_\theta)\right) \right\} \qquad (76)$$

mit

$$\upsilon := \exp\{\mathrm{cov}(x_t^\theta, c_t^\theta)\} \quad \text{und} \quad \varpi := \exp\{\mathrm{cov}(x_t^\theta, w_t^\theta)\}$$

Es folgt unmittelbar

$$\mathrm{cov}(Z_\theta^{o*}, C_\theta) < (>)\ 0 \Leftrightarrow \exp\{\mathrm{cov}(w_t^\theta, c_t^\theta)\} < (>) \frac{E(C_\theta^o(\varpi \cdot X_\theta))}{E(C_\theta^o(\upsilon\varpi \cdot X_\theta))} \qquad (77)$$

Grundannahme unserer Analyse ist die Unmöglichkeit, das Preisrisiko durch den Abschluß von ausländischen Forwardkontrakten zu beeinflussen, d. h. $cov(W_\theta \cdot X_\theta, C_\theta) = 0$ bzw. unter den speziellen Verteilungsannahmen

$$cov(w_t^\theta, c_t^\theta) = -cov(x_t^\theta, c_t^\theta) = \log \frac{1}{\upsilon}$$

Unter Berücksichtigung dessen erhalten wir

$$cov(Z_\theta^{o*}, C_\theta) < 0 \quad \Leftrightarrow \quad \frac{1}{\upsilon} < \frac{f^o(\varpi \cdot E(X_\theta), B, std(x_t^\theta))}{f^o(\upsilon\varpi \cdot E(X_\theta), B, std(x_t^\theta))} \qquad (77a)$$

Es ist unmittelbar einsichtig[87], daß $o = v$ diese Bedingung unter der Voraussetzung $\upsilon > 1$ ($cov(X_\theta, C_\theta) > 0$) stets erfüllt, während $o = k$ notwendig aber nicht hinreichend ist, damit die Bedingung unter der Voraussetzung $\upsilon < 1$ erfüllt ist.

Analog gilt:

$$cov(-Z_\theta^{o*}, C_\theta) < 0 \quad \Leftrightarrow \quad \frac{1}{\upsilon} > \frac{f^o(\varpi \cdot E(X_\theta), B, std(x_t^\theta))}{f^o(\upsilon\varpi \cdot E(X_\theta), B, std(x_t^\theta))} \qquad (77b)$$

---

87 Wir erinnern an folgende Gegebenheiten: sei f_1^o die partielle Ableitung nach dem ersten Argument, dann gilt $f_1^k > 0$ und $f_1^v < 0$; siehe hierzu Anhang C.

Augenscheinlich erfüllt o = v diese Bedingung unter der Voraussetzung $\upsilon < 1$ ($\Leftrightarrow$ $cov(X_\theta, C_\theta) < 0$), während o = k notwendig aber nicht hinreichend ist, damit die Bedingung unter der Voraussetzung $\upsilon > 1$ erfüllt ist.

Das impliziert, daß unter reinen Risikogesichtspunkten stets der Erwerb von (das Eingehen einer Stillhalterposition in) Verkaufsoptionen in Betracht zu ziehen ist, wenn die Bedigungen für einen Terminverkauf (-kauf) gegeben sind.

Dies erscheint auch durchaus plausibel:

Voraussetzung für einen Terminverkauf(-kauf) ist eine positive (negative) Kovarianz des in fremder Währung notierenden Preises mit dem Cash Flow des Unternehmens. Ansprüche (Verpflichtungen) des Unternehmens aus Long-(Short-)Positionen in Verkaufsoptionen fallen im erwarteten Mittel mit unterdurchschnittlichen (überdurchschnittlichen) Cash Flows zusammen. Indes wird ihr kompensatorischer Charakter durch die negative (positive) Kovarianz des Wechselkurses mit dem Cash Flow verstärkt, weil die Ausübung der Option durch das Unternehmen (den Kontraktpartner) im erwarteten Mittel mit überdurchschnittlichen Wechselkursen zusammenfällt.

Der Abschluß eines komplementären Verkaufs (Kaufs) von Kaufoptionen erfordert offenkundig eine nicht zu ausgeprägt negative (positive) Kovarianz des Wechselkurses mit dem Cash Flow weil diese den kompensatorischen Effekt im Falle der Ausübung der Kaufoptionen dämpft anstatt ihn wie bei der Ausübung der Verkaufsoptionen zu verstärken.

Dieses Ergebnis bestätigt die eingangs angestellte intuitiv plausible Überlegung zur "Synchronisation" konkurrierender Risiken durch den Einsatz von Verkaufsoptionen. Diese "Synchronisation" ist durch die Erwartung einer verstärkten Zahlungswirksamkeit bedingter kompensierender Zahlungen charakterisiert, die darauf zurückzuführen ist, daß im erwarteten Mittel von im Falle der Ausübung der Option überdurchschnittlichen Wechselkursen ausgegangen wird.

Wie bereits erläutert, ist es dem (μ, σ)-Prinzip zuzuschreiben, daß diese Überlegung gleichermaßen auf bedingte Ein- und Auszahlungen zutrifft.

Abschließend sei der Erlösaspekt behandelt; es gilt (vgl. (75a)):

$$E(Z_\theta^{o*}) = E(W_\theta \cdot C_\theta^o) - W_t^\theta \cdot f^o(X_t^\theta, B, std(x_t^\theta)) =$$

$$E(W_\theta) \cdot f^o(\varpi \cdot E(X_\theta), B, std(x_t^\theta)) - W_t^\theta \cdot f^o(X_t^\theta, B, std(x_t^\theta)) \qquad (78)$$

Hieraus folgt

$$E(Z_\theta^{o*}) > 0 \Leftrightarrow \frac{E(W_\theta)}{W_t^\theta} > \frac{f^o(X_t^\theta, B, std(x_t^\theta))}{f^o(\varpi \cdot E(X_\theta), B, std(x_t^\theta))} \qquad (79)$$

Von besonderem Interesse ist hier der Vergleich des Erwerbes einer Verkaufsoption mit dem Forwardverkauf. Wir haben gezeigt, daß der Forwardkontrakt dann als Hedginginstrument in Betracht zu ziehen ist, wenn

(a) $cov(W_\theta, C_\theta) < 0$

und

(b) $\varpi \cdot E(X_\theta) < X_t^\theta$

gilt.

Bedingung (a) impliziert annahmegemäß $cov(X_\theta, C_\theta) > 0$ ($\Leftrightarrow \upsilon > 0$) und mithin $cov(Z_\theta^{v*}, C_\theta) < 0$.

Unter der Bedingung (b) gilt

$$\frac{f^{V}(X_t^{\theta},\ B,\ std(x_t^{\theta})\ )}{f^{V}(\varpi\cdot E(X_{\theta}),\ B,\ std(x_t^{\theta})\ )} \quad < \quad 1\ ,$$

so daß $E(Z_{\theta}^{V*}) > 0$ stets erfüllt ist, wenn neben (b) $E(W_{\theta}) \geq W_t^{\theta}$ gilt (vgl. (79)).

Die zusätzliche Bedingung ist Ausfluß der Tatsache, daß die Fremdfinanzierung der Optionsprämie auf dem heimischen Kapitalmarkt zu einer Devisenkassatransaktion in t führt. Es ist intuitiv evident, daß die Erwartung eines zukünftig sinkenden Wechselkurses den Nettoliquidationserlös einer Option nachhaltig beeinträchtigt, wenn die Prämie mit dem gegenwärtigen Wechselkurs zu Buche schlägt.

Zusammenfassend bleibt festzustellen, daß der Erwerb auf fremde Währung lautender und im Ausland gehandelter Verkaufsoptionen unter der Bedingung eines mit dem Preisrisiko konkurrierenden Wechselkursrisikos insbesondere dann, wenn das hedgende Unternehmen einen deutlichen Anstieg des Wechselkurses erwartet, signifikante Vorteile gegenüber einem Forwardverkauf verspricht, weil er neben dem unter Risikogesichtspunkten vorteilhaften Synchronisationseffekt hinsichtlich Preis- und Wechselkursrisiko vergleichsweise höhere Abwertungsgewinne erwarten läßt. Ein endgültiges Urteil muß allerdings einem exakten Kalkül[88] unter zusätzlicher Berücksichtigung der Varianzen der Nettoliquidationserlöse beider Hedgingvarianten vorbehalten bleiben.

---

88 Dieser Kalkül wirft unter Berücksichtigung der in Anhang E ausgeführten Vorgehensweise zur Bestimmung sämtlicher entscheidungsrelevanter Parameter keine grundsätzlichen Probleme auf.

3.3.4 Gestaltungsmöglichkeiten der Synthetisierung von Fixgeschäften bei Laufzeitinkongruenz

Kennzeichnend für die folgende Untersuchung ist die Annahme, es gebe keine mit dem Hedginghorizont übereinstimmenden Kontraktlaufzeiten. Dieser Tatbestand besitzt insbesondere dann praktische Relevanz, wenn standardisierte börsennotierte Hedginginstrumente eingesetzt werden, die häufig nur mit den Fälligkeiten März, Juni, September und Dezember verfügbar sind.

Ferner nehmen wir an, die jeweils nächsten jenseits des Hedginghorizontes gelegenen Fälligkeitstermine beider hier berücksichtigter Arten von Termingeschäften - das sind europäische Optionen und Forwardkontrakte - seien identisch.

Betrachten wir zunächst den Kontraktwert $F_\theta(t,T)$, den ein in t abgeschlossener Forwardkontrakt mit Fälligkeit T im hedgingrelevanten Zeitpunkt θ, $t < \theta < T$, besitzt.

Wegen $F_\theta(\theta,T) = 0$ (der Abschluß eines Forwardkontraktes löst im Zeitpunkt der Kontrahierung keine Zahlungen aus), kann man auf arbitragefreien Forwardmärkten jederzeit ein Gegengeschäft abschließen, ohne den Kontraktwert zu ändern; es gilt also:

$$F_\theta(t,T) = F_\theta(t,T) - F_\theta(\theta,T) \tag{80}$$

Auf einem arbitragefeien Markt ist diese Position analog zur bisherigen Vorgehensweise wie folgt zu bewerten (der Subindex beim Erwartungswertoperator bedeutet, daß ausschließlich die bis zu dem angegebenen Zeitpunkt verfügbaren Informationen Eingang in den Erwartungswert finden; bei Verzicht auf einen Subindex - dies gilt auch in Bezug auf die Parameter var(.) und cov(.,.) - ist dieser Zeitpunkt hier und künftig mit dem Zeitpunkt t der Entscheidung über irgendwelche Hedgingmaßnahmen gleichzusetzen):

$$F_\theta(t,T) - F_\theta(\theta,T) = E_\theta\left\{\left(F_T(t,T) - F_T(\theta,T)\right)\cdot Q_\theta^T\right\} \tag{81}$$

Unter Berücksichtigung der Zahlungscharakteristik von Forwardkontrakten und der vom Vorzeichen der Kovarianz des Marktpreises des Basistitels mit dem Cash Flow abhängigen Entscheidung, per Termin zu kaufen oder zu verkaufen, erhält man hieraus

$$E_\theta\left\{\left(F_T(t,T) - F_T(\theta,T)\right)\cdot Q_\theta^T\right\} =$$

$$\operatorname{sgn}\left(\operatorname{cov}(X_\theta, C_\theta)\right)\cdot E_\theta\left\{(-X_T + X_t^T - (-X_T + X_\theta^T))\cdot Q_\theta^T\right\} =$$

$$\operatorname{sgn}\left(\operatorname{cov}(X_\theta, C_\theta)\right)\cdot(-X_\theta^T + X_t^T)\cdot E_\theta(Q_\theta^T)$$

Schließlich gelangt man unter Berücksichtigung des aus der Arbitragefreiheitsannahme resultierenden Sachverhaltes, daß der Forwardpreis von Titeln, die vor Fälligkeit des Forwardkontraktes keine Zahlungen induzieren, gerade dem aufgezinsten Kassapreis entsprechen muß, d. h. in formaler Sprache

$$X_\theta^T = X_\theta \exp\left\{+r_t^\theta(\theta - t)\right\} = \frac{X_\theta}{E_\theta(Q_\theta^T)},$$

zu

$$F_\theta(t,T) = \text{sgn}\Big(\text{cov}(X_\theta, C_\theta)\Big) \cdot (-X_\theta + X_t^T E_\theta(Q_\theta^T)) \,. \qquad (82)$$

Man erkennt, daß der Wert eines Forwardkontraktes auf arbitragefreien Märkten exakt der Zahlung entsprechen muß, die aus der Elimination seiner zukünftigen Zahlungswirksamkeit - man spricht in diesem Zusammenhang gewöhnlich vom "Glattstellen" des Forwardkontraktes - resultiert. Hierzu kauft man im Falle eines Forwardverkaufs ($\text{cov}(X_t, C_t) > 0$) den Basistitel und geht eine Verbindlichkeit ein, die mit dem vom Kontraktpartner zu zahlenden Terminpreis getilgt werden kann; im Falle eines Forwardkaufes ($\text{cov}(X_t, C_t) < 0$) verkauft man faktisch leer[89] - Zuzahlungen werden hier nicht erforderlich, da das Eigentum am Titel bis zur Fälligkeit keinerlei Zahlungen induziert - und legt den Betrag an, dessen Endwert zur Begleichung des Terminpreises gerade ausreicht.

Den Nettoliquidationserlös eines der Put - Call - Parity entsprechend synthetisierten Fixgeschäftes, das in gleicher Weise vorzeitig glattgestellt und realisiert wird, notieren wir wie folgt (mit dem Superindex " * " sei angemerkt, daß die Zahlung in Höhe der Differenz der Optionsprämien hier abweichend von der in Kapitel 3.3.1 (vgl.(64)) getroffenen Vereinbarung nicht von t auf den Zeitpunkt der Fälligkeit T sondern auf den für das Hedging relevanten Zeitpunkt der Realisation θ verlagert wird):

$$\overset{*}{S}_\theta(t,T) = \overset{*}{S}_\theta(t,T) - F_\theta(\theta,T) =$$

$$\text{sgn}\Big(\text{cov}(X_\theta, C_\theta)\Big)\left[E_\theta\left\{(C_T^v - C_T^k - (-X_T + X_\theta^T))\cdot Q_\theta^T\right\} - \frac{P^v - P^k}{E_t(Q_t^\theta)}\right] =$$

89 Die Herleitung läßt erkennen, daß es der Möglichkeit leerzuverkaufen nicht bedarf, weil man ebensogut einen Forwardverkauf kontrahieren kann.

$$\mathrm{sgn}\Big(\mathrm{cov}(X_\theta, C_\theta)\Big)\left[E_\theta\left\{(B - X_T - (-X_T + X^T_\theta)) \cdot Q^T_\theta\right\} - \frac{P^v - P^k}{E_t(Q^\theta_t)}\right] =$$

$$\mathrm{sgn}\Big(\mathrm{cov}(X_\theta, C_\theta)\Big)\left[(B - X^T_\theta)E_\theta(Q^T_\theta) - \frac{P^v - P^k}{E_t(Q^\theta_t)}\right] =$$

$$\mathrm{sgn}\Big(\mathrm{cov}(X_\theta, C_\theta)\Big)\left[B \cdot E_\theta(Q^T_\theta) - X_\theta - \frac{P^v - P^k}{E_t(Q^\theta_t)}\right]$$

Also gilt: (83)

$$S^*_\theta(t,T) - F_\theta(t,T) = \mathrm{sgn}\Big(\mathrm{cov}(X_\theta, C_\theta)\Big) \cdot \left[(B - X^T_t)E_\theta(Q^T_\theta) - \frac{P^v - P^k}{E_t(Q^\theta_t)}\right]$$

Da sowohl $S^*_\theta(t,T)$ als auch $F_\theta(t,T)$ in $\theta = t$ einen Marktwert von Null haben, muß gelten:

$$(B - X^T_t)E_t(Q^\theta_t) - (P^v - P^k) = 0$$

Für das Folgende unterstellen wir zusätzlich zu den bisherigen Annahmen, daß die Erwartungshypothese der Fristigkeitsstruktur der Zinssätze in der folgenden Form gilt: [90]

---

90 Einen Überblick über die Hauptthesen der Literatur zur Fristigkeitsstruktur der Zinssätze und ihre Beziehung zu den dynamischen Modellen der Finanztitelmärkte gibt *Wilhelm, J.*, Finanztitelmärkte und Unternehmensfinanzierung, Berlin - Hei-

$$E_t(Q_\theta^T) = E_t\left(E_\theta(Q_\theta^T)\right) = \frac{E_t(Q_t^T)}{E_t(Q_t^\theta)} \qquad (84)$$

In dieser Formulierung besagt die Erwartungshypothese, daß der heute erwartete Diskontfaktor für die in einem aus heutiger Sicht zukünftigen Zeitpunkt erfolgende Bewertung später anfallender sicherer Zahlungen dem sich aus dem heute beobachtbaren impliziten Terminzinssatz für die entsprechende Periode errechnenden Diskontfaktor entspricht; anders gesagt: der heute erwartete Preis eines Zerobonds der Restlaufzeit T-θ im Zeitpunkt θ entspricht dem heute beobachtbaren impliziten Terminpreis für einen solchen Zerobond, zu liefern in θ.

Bemerkenswert erscheint ferner, daß diese Hypothese eine Art von Zustandsunabhängigkeit zukünftiger, sich in $E_\theta(Q_\theta^T)$, $t < \theta < T$, manifestierender Zeitpräferenzen impliziert: aus

$$E_t(Q_t^T) = E_t(Q_t^\theta \cdot E_\theta(Q_\theta^T)) = cov_t(Q_t^\theta, E_\theta(Q_\theta^T)) + E_t(Q_t^\theta) \cdot E_t(E_\theta(Q_\theta^T))$$

folgt unmittelbar, daß die Erwartungshypothese

---

delberg - New York 1983, S.158 - 180. Eine Vorstellung von der Vielfalt methodischer Zugänge zu dieser Problematik vermitteln die zeitgleich oder später erschienenen Beiträge von *Woodward, S.*, The liquidity premium and the solidity premium, AMERICAN ECONMOMIC REVIEW 73 (1983), 348 - 361, die als Modellrahmen einen " time - state - preference " - Ansatz zugrundelegt, und *Cox, J. C., Ingersoll, J. E.,jr., and S. A. Ross*, A theory of the term structure of interest rates, ECONOMETRICA 53 (1985), 385 - 407, die statt dessen auf einem zeitstetigen dynamischen Gleichgewichtsmodell aufbauen.

$$E_t(Q_\theta^T) = E_t(E_\theta(Q_\theta^T)) = \frac{E_t(Q_t^T)}{E_t(Q_t^\theta)} \quad \text{genau dann gilt, wenn}$$

$$\operatorname{cov}_t(Q_t^\theta, E_\theta(Q_\theta^T)) = 0 \quad \text{ist.}$$

Interpretiert man die Zustandspreise als zustandsabhängigen Grenznutzen zusätzlichen Konsums eines repräsentativen Wirtschaftssubjektes und somit als Indikatoren der konjunkturellen Entwicklung, dann erscheint diese implizite Zustandunabhängigkeit von Zeitpräferenzen jedenfalls dann nicht plausibel, wenn es Hinweise darauf gibt, daß die beobachtbare konjunkturelle Entwicklung Erwartungen über deren zukünftige Entwicklung in systematischer Weise beeinflußt, weil die Wiederannäherung an ein Gleichgewicht Transmissionsmechanismen in Gang setzt, die auch den Zinssatz nicht unbeeinflußt lassen. Ein denkbarer solcher Transmissionsmechanismus ist z. B. die von der Einschätzung der weiteren konjunkturellen Entwicklung abhängige Sparneigung der Wirtschaftssubjekte.

Als gedanklicher Ausgangspunkt für die Abschätzung der Auswirkungen abweichender Annahmen erscheint die Erwartungshypothese jedoch durchaus brauchbar. Läßt man sie gelten, dann folgt nach dem gerade Abgeleiteten (vgl. (83)) aus

$$E\left\{S_\theta^*(t,T) - F_\theta(t,T)\right\} =$$

$$\operatorname{sgn}\left(\operatorname{cov}(X_\theta, C_\theta)\right)\left[(B - X_t^T)E_t\left(E_\theta(Q_\theta^T)\right) - \frac{P^v - P^k}{E_t(Q_t^\theta)}\right]$$

unmittelbar

$$E\left\{S_\theta^*(t,T)\right\} \;=\; E\,\{F_\theta(t,T)\}\;. \qquad (85)$$

Als weitere entscheidungsrelevante Parameter sind $cov(F_\theta(t,T), C_\theta)$ und $cov(S_\theta^*(t,T), C_\theta)$ sowie $var(F_\theta(t,T))$ und $var(S_\theta^*(t,T))$ zu bestimmen[91].

Es gilt:

$$cov(F_\theta(t,T), C_\theta) \;=$$

$$sgn\Big(cov(X_\theta, C_\theta)\Big)\Big[-cov(X_\theta, C_\theta) + X_t^T cov(E_\theta(Q_\theta^T), C_\theta)\Big] \qquad (86)$$

$$cov(S_\theta^*(t,T,B), C_\theta) \;=$$

$$sgn\Big(cov(X_\theta, C_\theta)\Big)\Big[-cov(X_\theta, C_\theta) + B\; cov(E_\theta(Q_\theta^T), C_\theta)\Big] \qquad (87)$$

$$var(F_\theta(t,T) \;=$$

$$var(X_\theta) \;-\; 2\, X_t^T\; cov(X_\theta, E_\theta(Q_\theta^T)) \;+\; (\,X_t^T)^2\, var(E_\theta(Q_\theta^T)\,) \qquad (88)$$

---

91 Wir erinnern daran, daß der Verzicht auf einen Subindex bei den Parametern var(.) und cov(.,.) bedeutet, daß ausschließlich die bis zum Entscheidungszeitpunkt verfügbaren Informationen Eingang in die Berechnung der entsprechenden Erwartungswerte finden.

sowie

$$\mathrm{var}(S_\theta^*(t,T,B)) =$$

$$\mathrm{var}(X_\theta) - 2\,B\,\mathrm{cov}(X_\theta, E_\theta(Q_\theta^T)) + B^2\,\mathrm{var}(E_\theta(Q_\theta^T)) \qquad (89)$$

Seien $\underline{B}$ der niedrigste und $\overline{B}$ der höchste am Markt gehandelte Basispreis, dann ist die Bedingung

$$\mathrm{sgn}\Big(\mathrm{cov}(S_\theta^*(t,T,B), C_\theta)\Big) = \mathrm{sgn}\big(\mathrm{cov}(F_\theta(t,T), C_\theta)\big) = \mathrm{sgn}\big(\mathrm{cov}(X_\theta, C_\theta)\big)$$

für alle B, $\underline{B} \leq B \leq \overline{B}$, stets erfüllt, falls

$$|\,\mathrm{cov}(X_\theta, C_\theta)\,| > \max(\overline{B}, X_t^T) \cdot |\,\mathrm{cov}(E_\theta(Q_\theta^T), C_\theta)\,|$$

gilt, was im übrigen gleichbedeutend mit

$$\frac{|\mathrm{corr}(X_\theta, C_\theta)|}{|\mathrm{corr}(E_\theta(Q_\theta^T), C_\theta)|} > \max(\overline{B}, X_t^T) \cdot \frac{\mathrm{std}(E_\theta(Q_\theta^T))}{\mathrm{std}(X_\theta)}$$

ist.

Die Minimierung der Varianz des synthetischen Fixgeschäftes durch Variation des Basispreises der konstituierenden Optionen führt auf die Bedingung:

$$B^* = \operatorname{corr}(E_\theta(Q_\theta^T), C_\theta) \cdot \frac{\operatorname{std}(X_\theta)}{\operatorname{std}(E_\theta(Q_\theta^T))} .$$

Zur Entscheidung steht die Wahl zwischen einem originären Forwardkontrakt und einem synthetischen Fixgeschäft. Beide sind vor ihrer Fälligkeit auf dem Wege des Glattstellens zu realisieren. Da beide Geschäfte die gleiche Fälligkeit besitzen, ist die Zeitspanne zwischen den Zeitpunkten der Realisation und der Fälligkeit in beiden Fällen gleich lang. Aus Kapitel 2.2.1 wissen wir, daß wir - vorausgesetzt, die Nettoerlöse beider Arten von Termingeschäften besäßen stets entgegengesetzte Vorzeichen von Erwartungswert und Kovarianz mit dem Cash Flow des Unternehmens - das synthetische Fixgeschäft dem Forwardkontrakt vorzuziehen hätten, wenn durch eine vom Terminpreis abweichende Wahl der Basis gleichzeitig im Vergleich mit dem entsprechenden Forwardkontrakt die Kovarianz mit dem Cash Flow absolut betrachtet verstärkt und die Varianz verringert werden könnte. Aus einer Analyse der entsprechenden Differenzen

$$\operatorname{cov}(F_\theta(t,T), C_\theta) - \operatorname{cov}(S_\theta^*(t,T,B), C_\theta) =$$

$$\operatorname{sgn}\Big(\operatorname{cov}(X_\theta, C_\theta)\Big)\Big[(X_t^T - B)\cdot\operatorname{cov}(E_\theta(Q_\theta^T), C_\theta)\Big] \qquad (90)$$

und

$$\operatorname{var}(F_\theta(t,T) - \operatorname{var}(S_\theta^*(t,T,B)) =$$

$$-2\cdot(X_t^T - B)\operatorname{cov}(X_\theta, E_\theta(Q_\theta^T)) + \Big((X_t^T)^2 - B^2\Big)\operatorname{var}(E_\theta(Q_\theta^T)) \qquad (91)$$

geht zunächst unmittelbar hervor, daß sich die Hedgingperformance von Forwardkontrakten durch die Synthetisierung von Fixgeschäften steigern läßt, wenn

(a) $\text{cov}(C_\theta, E_\theta(Q_\theta^T)) = 0$

(b) $\text{cov}(X_\theta, E_\theta(Q_\theta^T)) = 0$

und

(c) $\underline{B} < X_t^T$

gelten. Unter den Voraussetzungen (a), (b) und (c) gilt nämlich

$$\text{cov}(F_\theta(t,T), C_\theta) = \text{cov}(S_\theta^*(t,T,B), C_\theta) \quad \text{für alle } B$$

und

$$\text{var}(F_\theta(t,T) - \text{var}(S_\theta^*(t,T,\underline{B})) = \left((X_t^T)^2 - \underline{B}^2\right)\text{var}(E_\theta(Q_\theta^T)) > 0$$

Offensichtlich ist bei Unkorreliertheit zukünftiger Diskontfaktoren mit dem zukünftigen Marktpreis des Basistitels und dem zukünftigen Cash Flow des Unternehmens die Alternative[92] dominant, bei der die Unsicherheit über den zukünftigen Zinssatz am wenigsten zum Tragen kommt; das ist diejenige, die die das Volumen zukünftiger Kapitalmarkttransaktionen minimiert.

Noch ausgeprägter ist die Dominanz der synthetischen Variante eines Terminkaufes mit dem niedrigsten am Markt gehandelten Basispreis im Vergleich zum

---

92 Es sei daran erinnert, daß wir ein synthetisches Fixgeschäft als ein einziges Geschäft auffassen.

originären Forwardkauf (Voraussetzung: $cov(X_\theta, C_\theta) < 0$), wenn neben Voraussetzung (c)

(aa) $cov(C_\theta, E_\theta(Q_\theta^T)) < 0$

(b´) $cov(X_\theta, E_\theta(Q_\theta^T)) < 0$

gelten.

Das gilt analog für den Forward*verkauf* (Voraussetzung : $cov(X_\theta, C_\theta) > 0$), wenn neben Voraussetzung (c) die Voraussetzungen

(ab) $cov(C_\theta, E_\theta(Q_\theta^T)) > 0$

(b´) $cov(X_\theta, E_\theta(Q_\theta^T)) < 0$

erfüllt sind.

Die Bedingungen sind unschwer zu veranschaulichen: Ein Terminkauf impliziert die Verpflichtung zur Zahlung eines fixen Betrages bei Fälligkeit, der bei vorzeitiger Realisierung mit dem dann gültigen Diskontfaktor zu bewerten ist. Ist dieser Diskontfaktor negativ mit dem Cash Flow des Unternehmens korreliert (Voraussetzung (aa)), dann schlägt die Erfüllung der späteren Zahlungsverpflichtung im erwarteten Mittel gerade dann mit einer über ihrem erwarteten Mittel liegenden Auszahlung zu Buche, wenn der Cash Flow unter seinem erwarteten Mittel liegt und umgekehrt. Daraus folgt, daß eine hohe fixe Zahlungsverpflichtung bei Fälligkeit die Hedgingperformance ceteris paribus beeinträchtigt, wenn der im Zeitpunkt der Realisation θ für den dann verbleibenden Zeitraum bis zur Fälligkeit geltende Diskontierungsfaktor negativ mit dem Cash Flow korreliert ist. Diese Überlegung trifft ebenso in bezug auf die Varianz zu: eine hohe fixe Zahlungsverpflichtung führt tendenziell zu einer Erhöhung der Varianz des Liquidationserlöses, wenn im erwarteten Mittel die Erfüllung der späteren Zahlungsverpflichtung gerade dann unterdurchschnittliche Auszahlungen erfordert, wenn die Veräußerungserlöse (Preise) ihr erwartetes Mittel übertreffen und umgekehrt, d. h. wenn der in θ für den dann verbleibenden Zeitraum bis zur Fälligkeit geltende Diskontierungsfaktor negativ mit dem Marktpreis korreliert ist (Voraussetzung (b´)). Damit ist die Vorteilhaftigkeit niedriger fixer Zahlungsverpflichtungen im Falle des Terminkaufes evident.

Wird per Termin verkauft, dann wird aus der fixen Zahlungsverpflichtung ein Anspruch auf eine sichere Zahlung bei Fälligkeit, so daß sich die Auswirkungen der Kovarianz zwischen Zeitpräferenz und Cash Flow ins Gegenteil verkehren (vgl. die Voraussetzungen (aa) und (ab)), während die für die Varianz maßgeblichen Wirkungszusammenhänge (Voraussetzung (b´)) unverändert gelten.

Grundlegend für die von uns betriebene Operationalisierung der Entscheidung darüber, ob und in welchem Umfang mit Forwardkontrakten oder Optionen gehedgt werden soll, ist die Annahme logarithmischer Normalverteilung sämtlicher entscheidungsrelevanter Zufallsvariablen; das sind zum einen die Marktpreise der Basistitel in Betracht gezogener Terminkontrakte (hier im Sinne eines Oberbegriffs für Forwardkontrakte und Optionen) und zum anderen der Cash Flow des betrachteten Unternehmens.

Wir haben die logarithmische Normalverteilung bereits kurz in Kapitel 3.2 charakterisiert. In besonderer Weise kennzeichnend sind die Unmöglichkeit negativer Ausprägungen der entsprechenden Zufallsvariablen[93] und die vollständige Determiniertheit der Verteilung durch das approximativ[94] erwartete prozentuale Wachstum und die Varianz des Logarithmus des Wachstumsfaktors[95]. Hinsichtlich der Spezifikation dieser beiden Parameter stehen grundsätzlich zwei Möglichkeiten offen:

Zum einen können sie in Anlehnung an die Wachstumsrateninterpretation im Einklang mit rein subjektiven Erwartungen über die zukünftige Entwicklung bestimmt werden.

---

93 Wir haben bereits darauf hingewiesen, daß diese Annahme im Hinblick auf den Cash Flow nicht unproblematisch ist.

94 Genaugenommen handelt es sich den Erwartungswert des Logarithmus des Wachstums*faktors*; die Ungenauigkeit der Interpretation als erwartetes prozentuales Wachstum nimmt mit der Intensität des Wachstums (positiv oder negativ) zu. Vgl. S. 84 insbesondere (45).

95 Hier ist es problematischer vom angenäherten prozentualen Wachstum zu reden, weil in die Berechnung der Varianz Wachstumsfaktoren eingehen, für die der Logarithmus des Wachstumsfaktors erheblich vom entsprechenden Prozentsatz abweicht.

Zum anderen besteht die Möglichkeit einer Orientierung an der objektiv beobachtbaren Vergangenheitsentwicklung.

Im zweiten Fall benötigt man, um aus der in der Vergangenheit beobachteten Entwicklung einer Zufallsvariablen logische Schlüsse über deren zukünftige Entwicklung ableiten zu können, ein Modell, welches die Realisationen einer Zufallsvariablen in verschiedenen Zeitpunkten als Realisationen eines Zufalls*prozesses* begreift.

Dabei ist die Informationsbeschaffung und -auswertung offensichtlich um so einfacher, je einfacher das zugrundeliegende Modell ist. Für sehr einfache Modelle können, wie nachfolgend kurz skizziert, mit sehr geringem Aufwand erwartungstreue Schätzwerte[96] für die gesuchten Parameter bestimmt werden.

Wir haben bereits eingangs erwähnt, daß kostenlose Informationen bereits dann ökonomisch werthaltig sind, wenn sie anstehende Entscheidungen *potentiell* beeinflussen. Die Stärke des potentiellen Einflusses hängt u. a. von der Akzeptanz des der Informationsgewinnung zugrundeliegenden Erklärungsmodelles seitens des Entscheidenden ab. Wäre dieser selbst in der Lage, ein seinen Vorstellungen entsprechendes Modell der Preisentwicklung zu explizieren, so richtete sich die Akzeptanz des der Informationsgewinnung zugrundeliegenden Modelles nach dem im direkten Vergleich zu ermittelnden Grad der Übereinstimmung zwischen beiden Modellen. Ist er jedoch nicht in der Lage, ein solches Modell zu explizieren, so wird man die Akzeptanz des Modelles der Informationsgewinnung an der Akzeptanz aus ihm folgender Prognosen beurteilen müssen.

Dabei erscheint die Akzeptanz von Prognosen um so leichter zu ermitteln zu sein, je plastischer die von diesen getroffenen Aussagen über die zukünftige Entwicklung sind. Bezogen auf das Modell der geometrischen Brownschen Bewegung - das in der Literatur zur Abbildung von dynamischen Prozessen der

---

96 Schätzwerte sind in ihrer Abhängigkeit von der gewählten Stichprobe selbst Zufallsgrößen; wenn ihr Erwartungswert dem " wahren " Modellwert entspricht, heißen sie " erwartungstreu ". Vgl. z. B. *Frohn, J.*, op. cit., S. 28

Marktpreisentwicklung vielfach Verwendung findet[97] - halten wir die Angabe der Wahrscheinlichkeit, mit der ein bestimmtes prozentuales Wachstum der Modellvariablen spätestens nach Ablauf einer bestimmten Zeitspanne erreicht wird, eher zur Akzeptanzprüfung geeignet als Aussagen über die Verteilung der (approximativen) Wachstumsraten bzw. über die Verteilung des Prozeßniveaus in einem bestimmten zukünftigen Zeitpunkt, weil erstere die zeitliche Dimension der Unsicherheit über das Wachstum unmittelbarer erkennen läßt. Neben der Spezifikation der Verteilungsparameter des Prozesses werden wir daher im folgenden diese Wahrscheinlichkeit charakterisieren.

4.1 Bestimmung erwartungstreuer Schätzwerte für Drift und Momentanvarianz einer geometrischen Brownschen Bewegung

Sehr einfach ist die Bestimmung erwartungstreuer Schätzwerte für Drift und Momentanvarianz einer geometrischen Brownschen Bewegung unter der Annahme, die Logarithmen der Wachstumsfaktoren beliebiger nicht überlappender Zeiträume seien stochastisch voneinander unabhängig und identisch verteilt[98], dann gilt (man beachte, daß $E(X|g(Y))$ grundsätzlich mit $E(X|Y)$

---

97 Richtungweisend war der Aufsatz von *Merton, R. C.*, Lifetime portfolio selection under uncertainty: the continuous - time case, REVIEW OF ECONOMICS AND STATISTICS 51(1969), 247 - 257; gesteigerte Popularität erfuhr das Modell einmal mehr durch *Black, F. and M. Scholes*, The pricing of options and corporate liabilities, JOURNAL OF POLITICAL ECONOMY 81 (1973), S 637 - 654

98 Wie man mit Grundlagenkenntnissen der Analysis von diesem Annahmen ausgehend durch eine Grenzbetrachtung zu den in der modernen Finanzierungstheorie etablierten Diffusionsprozessen gelangt, zeigt *Merton, R. C.*, On the mathematics and economics of continuous time models, in: *Sharpe, W. F. and C. M. Cootner* (eds.), Financial Economics: Essays in Honor of Paul Cootner, Englewood Cliffs 1982, S. 19 - 51.

übereinstimmt, wenn g eine weitgehend beliebige, genau gesagt: streng monotone meßbare, Funktion ist[99])[100]:

$$E\left\{\log \frac{X_\theta}{X_t} \mid \log X_t\right\} = E\left\{x_t^\theta \mid X_t\right\} = \gamma \cdot (\theta - t) = \gamma \cdot \Delta\tau \qquad (92)$$

und

$$\mathrm{var}\left(\log \frac{X_\theta}{X_t} \mid \log X_t\right) = \mathrm{var}(x_t^\theta \mid X_t) = \sigma^2 \cdot (\theta - t) = \sigma^2 \cdot \Delta\tau \qquad (93)$$

In diesem Fall gestatten n über einen vergangenen Zeitraum der Länge $D = n \cdot \Delta\tau$ in gleichen Abständen $\Delta\tau$ beobachtete Realisationen der Zufallsvariablen s_τ

$$s_\tau = \frac{1}{\Delta\tau} \log\left(\frac{X_\tau}{X_{\tau-\Delta\tau}}\right) = \frac{1}{\Delta\tau} x_{\tau-\Delta\tau}^{\tau} \qquad (94)$$

die Bestimmung erwartungstreuer Schätzwerte mittels Berechnung der Stichprobenparameter (in Abhängigkeit von Stichprobenwahrscheinlichkeiten p_τ):

$$E_S(s) = \sum_{\tau \in T} p_\tau \cdot s_\tau \qquad (95)$$

---

99 Vgl. *Neveu, J.*, Mathematische Grundlagen der Wahrscheinlichkeitstheorie, München - Wien 1969, S. 150. Der mit grundlegenden Konzepten der Wahrscheinlichkeitstheorie wenig vertraute Leser sei ergänzend auf eine leicht verständliche Einführung in *Wunsch, G. und H. Schreiber,* Stochastische Systeme, Berlin 1984, hingewiesen.

100 Vgl. die Definition (43) von X_θ in Kapitel 3.2

$$var_S(s) = \sum_{\tau \in T} p_\tau \cdot s_\tau{}^2 - E_S(s)^2 \tag{96}$$

und

$$cov_S(s_1, s_2) = \sum_{\tau \in T} p_\tau \cdot s_{1\tau} \cdot s_{2\tau} - E_S(s_1) \cdot E_S(s_2) \tag{97}$$

Die Interpretation der p_τ als Wahrscheinlichkeiten verlangt

$$p_\tau \geq 0 \text{ für alle } \tau \in T \quad \text{und} \quad \sum_{\tau \in T} p_\tau = 1 \text{ mit } T = \{ \tau_1, \ldots, \tau_n \}.$$

Die Erwartungstreue des Parameters $E_S(s)$ ergibt sich dann wie folgt :

$$E\{E_S(s)\} = E\left\{\sum_{\tau \in T} p_\tau \cdot s_\tau\right\} = \sum_{\tau \in T} p_\tau \cdot E(s_\tau) = \sum_{\tau \in T} p_\tau \cdot E\ \{\ E(s_\tau | s_{\tau-\Delta\tau})\ \} =$$

$$\frac{1}{\Delta\tau} \sum_{\tau \in T} p_\tau\ E(x^\tau_{\tau-\Delta\tau} | X_{\tau-\Delta\tau}) = \frac{1}{\Delta\tau} \sum_{\tau \in T} p_\tau\, \gamma\, \Delta\tau = \gamma \tag{98}$$

(98) läßt erkennen, daß jeder Stichprobenerwartungswert unabhängig von der Wahl der p_τ ein erwartungstreuer Schätzwert für den entsprechenden Prozeßparameter ist, falls dieser konstant angenommen wird.

Unter den Annahmen identisch verteilter[101] und stochastisch unabhängiger Realisationen erweist sich das arithmetische Mittel

$$E_S(s) = \frac{1}{n} \sum_{\tau \in T} s_\tau$$

als der Schätzer mit der geringsten Varianz[102].

Nimmt man ergänzend an, daß zeitlich nicht aufeinandertreffende Realisationen zweier in den oben genannten Eigenschaften übereinstimmender Prozesse nicht korreliert sind - man spricht in diesem Fall von ausschließlich kontemporärer Korrelation - , dann sind

$$\frac{n}{n-1} \cdot \Delta\tau \cdot \mathrm{var}_S(s) \quad \text{und} \quad \frac{n}{n-1} \cdot \Delta\tau \cdot \mathrm{cov}_S(s_1, s_2)$$

unter der Gleichverteilungsannahme $p_\tau = \frac{1}{n}$ für alle $\tau \in T$ erwartungstreue Schätzer der entsprechenden Prozeßparameter

$$\frac{1}{\Delta\tau}\mathrm{var}(x \mid X) \quad \text{und} \quad \frac{1}{\Delta\tau}\mathrm{cov}(x_1, x_2 \mid X_1, X_2)$$

Dies sei hier für die Kovarianz gezeigt, die Varianz ist als spezielle Kovarianz dann mit erledigt; es gilt:

---

101 Diese Annahme impliziert neben einer konstanten erwarteten Wachstumsrate auch eine konstante zeitraumbezogene Varianz der logarithmierten Wachstumsfaktoren

102 Vgl. *Wilhelm, J.*, Finanzanalyse, unveröffentlichtes Vorlesungsskript, ohne Ort 1989, S. 55 f.

$$E\left\{ \frac{n}{n-1}\,\Delta\tau\cdot \mathrm{cov}_S(s_1,\, s_2) \right\}$$

$$= \frac{n}{n-1}\cdot \Delta\tau \cdot E\left\{ \sum_{\tau\in T} p_\tau\cdot s_{1\tau}\cdot s_{2\tau} - E_S(s_1)\cdot E_S(s_2) \right\}$$

$$= \frac{n}{n-1}\cdot \Delta\tau \cdot \left[\sum_{\tau\in T} \frac{1}{n} E(s_{1\tau}\cdot s_{2\tau}) - E\left\{ E_S(s_1)\cdot E_S(s_2)\right\} \right]$$

$$= \frac{n}{n-1}\cdot \Delta\tau \cdot \left[\frac{1}{n} \sum_{\tau\in T} E\left\{ E(s_{1\tau}\cdot s_{2\tau} | s_{1\tau-\Delta\tau},\, s_{2\tau-\Delta\tau})\right\} - \frac{1}{n^2} \sum_{i\in T} \sum_{j\in T} E\left\{ E(s_{1i}\cdot s_{2j} | s_{1i-\Delta\tau},\, s_{2j-\Delta\tau})\right\} \right]$$

$$= \frac{n}{n-1}\cdot \Delta\tau \cdot \left[\frac{1}{n} \sum_{\tau\in T} E\left\{ E(s_{1\tau}\cdot s_{2\tau} | X_{1\tau-\Delta\tau},\, X_{2\tau-\Delta\tau})\right\} - \frac{1}{n^2} \sum_{i\in T} \sum_{j\in T} E\left\{ E(s_{1i}\cdot s_{2j} | X_{1i-\Delta\tau},\, X_{2j-\Delta\tau})\right\} \right]$$

$$= \frac{n}{n-1}\cdot \Delta\tau \cdot \left[\mathrm{cov}(s_1,\, s_2 | X_1,\, X_2) + \gamma_1\cdot\gamma_2 - \frac{1}{n^2}\left(n\cdot \mathrm{cov}(s_1,\, s_2 | X_1,\, X_2) + n^2\cdot\gamma_1\cdot\gamma_2 \right) \right]$$

$$= \frac{n}{n-1}\cdot \Delta\tau \cdot \frac{n-1}{n}\cdot \mathrm{cov}(s_1,\, s_2 | X_1,\, X_2) = \frac{1}{\Delta\tau}\cdot \mathrm{cov}(x_1,\, x_2 | X_1,\, X_2) \qquad (99)$$

4.2 Darstellung eines Akzeptanzkriteriums für das Log-Normal-Modell

Wie bereits erörtert, erscheint es zweckmäßig, die Akzeptanz eines durch einen Zufallsprozeß repräsentierten Modells der zeitlichen Entwicklung einer Zufallsvariablen an der Akzeptanz der Prognosen zu messen, die unter Berücksichtigung empirischer Befunde aus der Gültigkeit des Modells resultieren.

Die gestellte Aufgabe erscheint um so leichter zu erfüllen, je plastischer die von den modellinhärenten Prognosen gezeichneten Konturen sind. Für ein Modell, welches auf stochastischen Wachstumsraten basiert, erscheint diese Plastizität durch eine Hervorhebung der zeitlichen Dimension der Unsicherheit über das Wachstum interessierender Zufallsvariablen erreichbar. In diesem Sinne untersuchen wir die Dichtefunktion für den Zeitraum z, den ein durch (92) und (93) charakterisierter Prozeß benötigt, um vom Ausgangsniveau X_t zum erstenmal das Niveau

$$X^* := X_t \cdot \exp\{ x^* \} \qquad (100)$$

zu erreichen, d. h. in formaler Sprache

$$z := \inf\{ \theta : x_0^\theta \geq x^* \} > 0. \qquad (101)$$

Wir gehen dabei davon aus, daß x^* das gleiche Vorzeichen besitzt, wie die approximative diskrete erwartete Wachstumsrate γ. In diesen Fällen ist gewährleistet, daß der Zeitraum z für alle zulässigen x* endlich ist. z ist eine spezielle Stoppzeit[103].

Im Anhang zeigen wir, daß diese Dichtefunktion wie folgt definiert ist

$$p(z) = \frac{x^*}{\sigma\sqrt{2\pi \cdot z^3}} \exp\left\{ - \frac{(x^* - \gamma \cdot z)^2}{2\sigma^2 \cdot z} \right\} \qquad (102)$$

Die nachfolgende Abbildung 1 veranschaulicht den Einfluß der zeitraumbezogenen Standardabweichung der logarithmierten Wachstumsfaktoren auf diese Dichtefunktion für den Zeitraum, den ein geometrischer Brownscher Prozeß, dessen approximative erwartete Wachstumsrate 10% p.a. beträgt, benötigt, um das Ausgangsniveau zum erstenmal um 20% zu übertreffen; genau gesagt gelten folgende Festlegungen (g repräsentiert wiederum eine Gaußsche Einheitsvariable):

$$x_{t-\Delta t}^{t} := 0.1 \cdot \Delta t + \sigma \cdot \sqrt{\Delta t} \cdot g$$

$$x^* = \log 1.2$$

sowie

$\sigma_1 = 0.005$; $\sigma_2 = 0.01$; $\sigma_3 = 0.03$; $\sigma_4 = 0.06$

---

103 Eine Stoppzeit ist im wesentlichen eine Zufallsvariable z, die angibt, wann ein Prozeß "gestoppt" werden soll; aufgrund von Informationen, die zum betreffenden Zeitpunkt vorliegen müssen, muß entscheidbar sein, ob der Prozeß abgebrochen werden soll oder nicht. Für eine exakte Definition sei auf *Neveu, J.*, op. cit., S. 124 verwiesen.

<u>Abb. 1</u>: Einfluß der Standardabweichung auf die Dichtefunktion p(z)

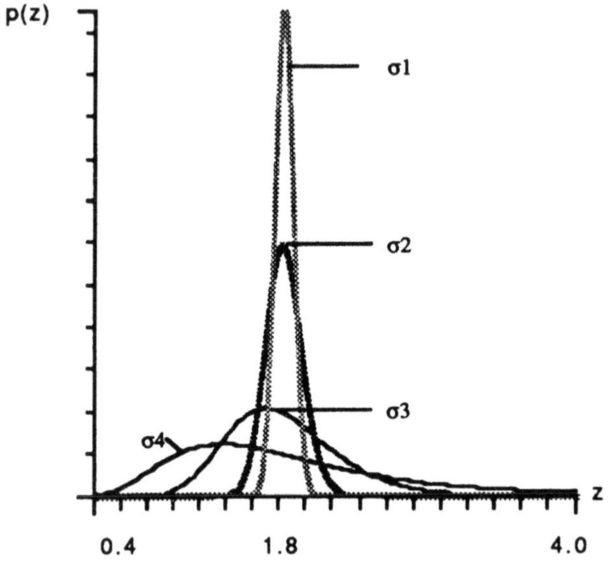

Abbildung 1 läßt erkennen, daß sich die Masse der Verteilung mit zunehmender Unsicherheit nach links , d. h. in Richtung auf ein schnelleres Erreichen der ins Auge gefaßten 20%-Marke verlagert. Auch dieser Sachverhalt ist ebenso wie die in Kapitel 3.2 (vgl.(46)) konstatierte positive Verzerrung des Erwartungswertes einer logarithmisch normalverteilten Zufallsvariablen auf die Konvexität der Exponentialfunktion zurückzuführen; die Konvexität impliziert nämlich - wie bereits erwähnt -, daß betragsmäßig übereinstimmende Abweichungen des symmetrisch verteilten Exponenten von seinem Erwartungswert mit positivem Vorzeichen versehen größere absolute Veränderungen hervorrufen als mit negativem. Es erscheint daher plausibel, daß eine bestimmte Wachstumsmarke mit ceteris paribus zunehmender Unsicherheit tendenziell schneller erreicht wird.

Noch deutlicher macht sich die wachsende Unsicherheit in der Ausdehnung des Bereiches mit nennenswert von Null verschiedener Dichte bemerkbar. In der Konfrontation solch ausgeprägter Variationen der Gestalt der Dichtefunktion p(z) mit dem subjektiven Empfinden des Entscheidenden sehen wir das eigentliche Potential für die Akzeptanzmessung.

5 Zusammenfassung und Abriß einer praktischen Umsetzung zentraler Ergebnisse

Zentrales Anliegen der vorliegenden Arbeit ist eine vergleichende Analyse der Hedgingtauglichkeit von Forwardkontrakten und (europäischen) Optionen im Rahmen einer in der betrieblichen Praxis implementierbaren Risikomanagementkonzeption.

Dementsprechend beziehen sich die wesentlichen Erkenntnisbeiträge auf die Charakterisierung der Risikomanagementkonzeption und auf den auf der Grundlage dieser Risikomanagementkonzeption erfolgenden Vergleich der sich mit dem Einsatz von Forwardkontrakten einerseits und Optionen andererseits bietenden Risikoallokationsmöglichkeiten.

Ein Charakteristikum der für die Arbeit grundlegenden Risikomanagementkonzeption ist, daß sie die Risikovorstellungen leitender Unternehmensorgane in quantitative Sollvorgaben für das Risikomanagement umzusetzen gestattet. Vorgegeben wird der Betrag, um den die Varianz des Cash Flow des betrachteten Unternehmens mindestens reduziert werden muß. Die gleichzeitig aufgestellte Forderung, diese Vorgabe durch Maßnahmen zu erfüllen, die möglichst hohe zukünftige Zahlungsmittelzuflüsse bzw. möglichst geringe zukünftige Zahlungsmittelabflüsse erwarten lassen, ist Ausfluß des Effizienzgedankens.

Die Erkenntnis, daß die Lösung des Problems bei vorgegebener Alternativenmenge von potentiellen Hedginginstrumenten mit einem sequentiellen Problemlösungsverhalten korrespondiert, läßt eine Ausgestaltung des Risikomanagements in zwei Phasen auch dann sinnvoll erscheinen, wenn geeignete Hedginginstrumente erst identifiziert werden müssen.

Entscheidungslogisch begründet ist daher wie folgt vorzugehen: In der ersten Phase sind die Hedginginstrumente schrittweise ausschließlich nach ihrem Beitrag zu der in Verbindung mit den in den vorangehenden Iterationsschritten identifizierten Hedginginstrumenten maximal möglichen Varianzreduktion auszuwählen. Nachdem die diesbezügliche Sollvorgabe der Unternehmensleitung überschritten ist, beginnt die zweite Phase, in der es um die erlösmaximierende Nutzung des aus der Übererfüllung der Risikorestriktion resultierenden spekulativen Spielraumes geht. Alleiniges Selektionskriterium für sinnvolle Hedgeportefeuilleergänzungen in der zweiten Phase ist daher die Erhöhung des erwarteten Saldos der Hedgeportefeuilleerlöse.

Mit der Strukturierung des Identifikationsprozesses für geeignete Hedginginstrumente erscheinen die Voraussetzungen für die praktische Bewährung des Konzeptes wesentlich verbessert, wenn nicht sogar erst geschaffen.

Impulse für die Praxis des Hedging versprechen wir uns vom Nachweis, daß dem Aspekt der Portefeuillediversifikation auch im Hedgingkontext Beachtung gebührt. Wir erbringen ihn, indem wir zeigen, daß Diversifikationseffekte bereits dann erzielbar sind und mittels flexibler Hedgeportefeuillestrategien angestrebt werden sollten, wenn zwei isoliert betrachtet völlig gleichwertige Hedginginstrumente verfügbar sind, die nicht vollständig positiv korreliert sind.

Dieses Ergebnis ist ein theoretisches Fundament für die intuitiv plausible Einschätzung, daß eine Vergrößerung des Angebotes an Risikoallokationsmöglichkeiten für Hedger in der Regel wohlfahrtssteigernde Effekte haben dürfte.

Hervorzuheben ist, daß die Voraussetzungen für die praktische Umsetzung dieser Überlegung leicht zu schaffen sind, wenn sich die detaillierte Ausgestaltung des Risikomanagements an einem "rolling hedge" mit kurzfristiger Orientierung unter Einsatz einer einzigen Art von Forwardkontrakten orientiert:

Zunächst sind geeignete Basistitel zu identifizieren. Ungeeignete Basistitel können durch eine Einfachregression des Cash Flows auf deren Basispreise identifiziert werden, indem man aus der Differenz der Stichprobenvarianzen des Cash Flow und der Regressionsresiduen einen erwartungstreuen Schätzwert für die maximal mögliche Risikoreduktion ermittelt. Findet sich kein

Basistitel, dessen Risikoeliminationspotential größer als die geforderte Varianzreduktion ist, dann ist das Hedgingproblem mit einem einzigen Hedginginstrument nicht lösbar. In diesem Fall muß entweder die Risikorestriktion gelockert werden oder aber in der vorne beschriebenen Weise iterativ nach einer sinnvollen Ergänzung des Basistitels mit dem von allen bis dahin untersuchten Titeln maximalen Risikoeliminationspotential gesucht werden.

Wir nehmen für diesen Abriß an, es fänden sich Basistitel, die die Risikorestriktion bereits alleine erfüllen. Dann ist im nächsten Schritt zu prüfen, ob sich auf die identifizierten Basistitel Forwardkontrakte abschließen lassen, deren erwarteter Liquidationserlös ein anderes Vorzeichen besitzt als die Korrelation des Marktpreises des Basistitels mit dem Cash Flow (diese ist mit der Korrelation des Liquidationserlöses eines entsprechenden Forwardkontraktes mit dem Cash Flow identisch).

Offenkundig bedarf es hierzu der Preisprognose. Soll diese nicht (ausschließlich) auf rein subjektiven Empfindungen basieren, so empfehlen wir im Hinblick auf die Konsistenz mit im Rahmen der Analyse der Hedgingtauglichkeit von Optionen benötigten Ergebnissen der Optionspreistheorie die Bestimmung von Schätzwerten aus Zeitreihen für die entsprechenden Marktpreise auf der Grundlage der Annahme, Preisprozesse seien durch eine geometrische Brownsche Bewegung abbildbar. Wie man die Akzeptanz einer solchen Annahme durch eine möglichst sinnfällige Aufbereitung ihrer prognostischen Konsequenzen einer kritischen Würdigung unterziehen kann, haben wir in Kapitel 4.2 gezeigt.

Gibt es keine Hedginginstrumente, deren erwarteter Liquidationserlös ein anderes Vorzeichen besitzt als die Korrelation des Liquidationserlöses mit dem Cash Flow, dann ist zu entscheiden, ob ein erwarteter Verlust aus Hedgingmaßnahmen akzeptiert werden kann oder nicht. Ist ein erwarteter Verlust nicht akzeptabel, so stellt sich die Frage, ob er durch die Zusammenstellung eines Hedgeportefeuilles aus den bereits untersuchten Alternativen, also eines Hedgeportefeuilles, dessen einzelne Komponenten alle identische Vorzeichen von erwartetem Liquidationserlös und Korrelation mit dem Cash Flow aufweisen und somit jeweils für sich genommen im erwarteten Mittel Zahlungsmittelabflüsse erwarten lassen, vermieden werden kann. Wir wollen uns an dieser Stelle mit einer qualitativen Überlegung zu dieser Frage begnügen: Auf den ersten Blick erscheint es nicht ausgeschlossen, diesen Effekt zu erreichen, und zwar unter dem Aspekt der Hedgeportefeuillediversifikation. Die in den Kapiteln 2.2.2.3 und 2.2.2.4 für den Fall eines aus zwei Komponenten bestehenden Portefeuilles angestellten Überlegungen lassen erkennen (vgl. insbesondere die Diskussion der Bedeutung der Vorzeichen von Q_1(vgl.(30)), Q_2(vgl.(34)) und corr(Z_1,Z_2)), daß die Vorzeichenkonstellation (dfferenziert nach den Ausprägungen Gleichheit und Ungleichheit) für die Portefeuilleanteile zweier Hedginginstrumente mit jeweils übereinstimmenden Vorzeichen von Erwartungswert und Korrelation mit dem Cash Flow, die unter dem Aspekt der Maximierung des Risikoeliminationspotentials zu wählen ist, gleichzeitig die bestmögliche Nutzung des geschaffenen risikopolitischen Spielraumes gewährleistet. Eine Diversifikation des Hedgeportefeuilles macht sich somit durch einen kumulativen Effekt positiv bemerkbar, indem sie zunächst die Entstehung zusätzlichen Risikoeliminationspotentials und in der Folge dessen erlösmaximierende Ausschöpfung begünstigt. Von einem ausgeprägten Diversifikationseffekt darf man somit eine Vermeidung erwarteter Verluste erhoffen. Eine exakte Prüfung mag dem Einzelfall überlassen bleiben.

Wir wollen für die Fortführung des Abrisses einer praktischen Anwendung unserer Risikomanagementkonzeption unterstellen, es könne mindestens ein Forwardkontrakt identifiziert werden, der die Risikorestriktion erfüllt und gleichzeitig aufgrund entgegengesetzter Vorzeichen von Erwartungswert und Kovarianz des Liquidationserlöses mit dem Cash Flow einen positiven Erlös erwarten läßt.

Sind die Märkte für Forwardkontrakte und Optionen arbitragefrei, dann kann der Risikomanager nach einer Überprüfung der Einhaltung der Risikorestriktion davon ausgehen, daß jedes der beiden durch die Put-Call-Parity identifizierten Optionsgeschäfte, die zusammengenommen ein dem Forwardkontrakt entsprechendes Fixgeschäft synthetisieren[104], ebenfalls einen positiven Hedgingerlös erwarten läßt.

Zentrale Erkenntnisse der vorliegenden Arbeit legen ihm nahe, statt des Forwardkontraktes Optionsgeschäfte zu tätigen, und zwar gleichgültig, ob er nur ein einziges oder die Kombination zweier Optionsgeschäfte - in einem der beiden Geschäfte befindet er sich stets auf der Stillhalterseite - in Erwägung zieht.

Was den Vergleich der Hedgingeigenschaften jeweils eines einzigen Optionskontraktes mit einem Forwardkontrakt, der sich als starre Kombination zweier positiv korrelierter unter Hedgingaspekten *qualitativ* gleichwertiger Optionsgeschäfte darstellen läßt, anbetrifft, gelangen wir in Kapitel 3.3.2 zu dem Ergebnis, daß es mitunter besser ist, den auf die positive Kovarianz seiner beiden Komponenten entfallenden Bestandteil der Gesamtvarianz eines Forward-Hedges ganz zu vermeiden, indem man statt des Forwardkontraktes lediglich eine seiner Komponenten als Hedginginstrument in Betracht zieht, als durch das Inkaufnehmen des starren Kompositionsschemas auf eine der positiven Korrelation beider Komponenten Rechnung tragende diversifizierende flexible Portefeuillestrategie zu verzichten.

Diese Erkenntnis impliziert im Grunde bereits die Empfehlung, Diversifikationseffekte durch die flexible Kombination der beiden Put-Call-Parity-Komponenten optimal zu nutzen.

In spezifischen Entscheidungssituationen wächst den zusätzlichen Risikoallokationsmöglichkeiten, die sich durch das Hedging mit Optionen eröffnen, weitere Bedeutung zu.

Sieht sich der Risikomanager dem Sachverhalt konfrontiert, zur Begrenzung des Risikos von Preisschwankungen bestimmter Rohstoffe ausschließlich auf im Ausland gehandelte und in der entsprechenden fremden Währung denominierte Forwardkontrakte und Optionen zurückgreifen zu können, so kann er die

---

104 Dabei spielt die Wahl des Basispreises keine Rolle, solange die Laufzeiten sämtlicher Hedginginstrumente mit dem Hedginghorizont kongruent sind.

seine Aufgabe erschwerende Situation hinsichtlich ihrer stochastischen Wechselwirkung mit dem Cash Flow konkurrierender Einflüsse zufälliger Fremdwährungspreis- und Wechselkursschwankungen durch den Einsatz von Verkaufsoptionen, mit dem sich - wie wir in Kapitel 3.3.3 gezeigt haben - eine Synchronisation dieser konkurrierenden Einflüsse erreichen läßt, meistern.

Sieht sich der Risikomanager gezwungen, sowohl auf dem Forwardmarkt als auch auf dem Optionsmarkt mit dem Hedginghorizont inkongruente Laufzeiten in Kauf zu nehmen, dann eröffnen sich ihm mit den im Falle der Synthetisierung von Fixgeschäften gegebenen Variationsmöglichkeiten hinsichtlich der Höhe fixer Zahlungen bei Fälligkeit Chancen zu einer Steigerung der Hedgingperformance in Verbindung mit Zinseffekten.

Im Gegensatz zu der Situation kongruenter Laufzeiten ist die Höhe der bei Fälligkeit anfallenden fixen Zahlungen hier nicht irrelevant, weil diese bezogen auf den früher gelegenen Zeitpunkt der Realisation der Hedginggeschäfte stochastisch sind, wenn die zur zeitlichen Vorverlagerung ihrer Zahlungswirksamkeit erforderlichen Kapitalmarkttransaktionen zu den dann geltenden Bedinungen abgewickelt werden. Daraus erklärt sich die Relevanz stochastischer Wechselwirkungen zwischen dem aus der Sicht des Zeitpunktes der Kontrahierung unsicheren Zinssatz für den Zeitraum zwischen Realisation und Fälligkeit einerseits und dem Cash Flow sowie dem Marktpreis des Basistitels im Zeitpunkt der Realisation andererseits.

Anhang

A Zur formalen Identität von interdependenten und linearen Konzepten zur Beschreibung stochastischer Wechselwirkungen

Sei $P := \sum_{k=1}^{n} x_k \cdot Z_k$ eine gewichtete Summe gemeinsam normalverteilter Zufallsvariablen Z_k und daher selbst normalverteilt, dann gilt (die für den Nachweis erforderliche quadratische Ergänzung haben wir schon häufiger benutzt):

$$E\{\exp(P)\} = \exp\left\{ E(P) + \frac{1}{2} \operatorname{var}(P) \right\} \tag{103}$$

mit

$$\operatorname{var}(P) = \sum_{i=1}^{n} \sum_{j=1}^{n} x_i \, x_j \, \operatorname{cov}(Z_i, Z_j)$$

Geht man statt dessen bei den quadratischen Ergänzungen mit Z_n beginnend iterativ vor und berücksichtigt, daß man die gemeinsame Dichtefunktion der Z_k, $d(Z)$, als n-faches Produkt bedingter standardnormalverteilter Dichtefunktionen schreiben kann, d. h.

$$d(Z) = \prod_{k=1}^{n} n\left(\frac{Z_k - E(Z_k|Z_{j<k})}{std(Z_k|Z_{j<k})}\right),$$

mit

$$E(Z_k|Z_{j<k}) = E(Z_k) + cov(Z_k, I_{k-1}) \cdot \sum_{j=1}^{k-1} b_j^{k-1} (Z_j - E(Z_j)),$$

dann erhält man mit

$$\delta_k := \sum_{j=k}^{n-1} (x_{j+1} + \delta_{j+1}) \; cov(Z_{j+1}, I_j) \; b_k^j, \quad k = 1 \ldots n-1; \quad \delta_n = 0$$

und

$$\Phi := \sum_{k=1}^{n} x_k \cdot E(Z_k) + \frac{1}{2} \sum_{k=1}^{n} (x_k + \delta_k)^2 \cdot var(Z_k \mid Z_{j<k})$$

$$+ \sum_{k=2}^{n} (x_k + \delta_k) \sum_{j=1}^{k-1} cov(Z_k, I_{k-1}) \cdot b_j^{k-1} \cdot (Z_j - E(Z_j))$$

$$- \sum_{k=1}^{n-1} \delta_k \cdot (Z_k - E(Z_k))$$

die folgende Identität

$$\exp\{P\} \cdot d(Z) =$$

$$\exp\{\Phi\} \cdot \prod_{k=1}^{n} n\left(\frac{Z_k - E(Z_k|Z_{j<k})}{std(Z_k|Z_{j<k})} + (x_k+\delta_k) \cdot std(Z_k|Z_{j<k}) \right) \qquad (104)$$

Nun gilt

$$\sum_{k=2}^{n} (x_k + \delta_k) \sum_{j=1}^{k-1} cov(Z_k, I_{k-1}) \cdot b_j^{k-1} \cdot (Z_j - E(Z_j)) =$$

$$\sum_{k=2}^{n} \sum_{j=1}^{k-1} (x_k + \delta_k) \; cov(Z_k, I_{k-1}) \cdot b_j^{k-1} \cdot (Z_j - E(Z_j)) =$$

$$\sum_{j=1}^{n-1} \sum_{k=j+1}^{n} (x_k + \delta_k) \; cov(Z_k, I_{k-1}) \cdot b_j^{k-1} \cdot (Z_j - E(Z_j)) =$$

$$\sum_{j=1}^{n-1} \sum_{k=j}^{n-1} (x_{k+1} + \delta_{k+1}) \; cov(Z_{k+1}, I_k) \cdot b_j^{k} \cdot (Z_j - E(Z_j)) =$$

$$\sum_{j=1}^{n-1} \delta_j \cdot (Z_j - E(Z_j))$$

und somit

$$\Phi \;=\; E(P) \;+\; \frac{1}{2} \sum_{k=1}^{n} (x_k + \delta_k)^2 \cdot \operatorname{var}(Z_k \mid Z_{j<k})$$

Mit (104) gilt auch

$$E\{\exp(P)\} \;=\; \exp\{\Phi\} \tag{105}$$

und folglich in Verbindung mit (103)

$$\operatorname{var}\left(\sum_{k=1}^{n} x_k \cdot Z_k\right) = \sum_{i=1}^{n} \sum_{j=1}^{n} x_i \, x_j \, \operatorname{cov}(Z_i, Z_j) =$$

$$\sum_{k=1}^{n} (x_k + \delta_k)^2 \cdot \operatorname{var}(Z_k \mid Z_{j<k}) \tag{106}$$

Von zentraler Bedeutung für die Interpretation dieses Zusammenhangs ist die Definition der δ_k. Die Parameter δ_k erfassen offensichlich den kumulierten stochastischen Einfluß, den die Zufallsvariablen Z_k jeweils mittelbar über ihren Anteil an den Indices $I_k \ldots I_{n-1}$ auf sämtliche im Portefeuille P befindlichen Zufallsvariablen $Z_{k+1} \ldots Z_n$ nehmen. Dabei werden die beeinflußten (im Falle einer Auflistung in aufsteigender Reihenfolge der Indices nachgeordneten) Zufallsvariablen ihrer Bedeutung für das Portefeuille entsprechend mit der (quadrierten) Summe ihrer unmittelbaren und (in gleicher Weise, d. h. an dem Einfluß, den diese ihrerseits auf jeweils nachgeordnete Zufallsvariablen ausüben, gemessenen) mittelbaren Portefeuillegewichte multipliziert.

Die lineare Verkettung kommt darin zum Ausdruck, daß eine Einflußnahme auf andere Titel generell nur in Betracht gezogen wird, wenn deren Index größer ist als der des einflußnehmenden Titels.

Wir haben damit gezeigt, daß sich interdependente stochastische Wechselwirkungen linear strukturieren lassen, indem man den Einfluß vorgeordneter Zufallsvariablen auf irgendeine Zufallsvariable in der bedingten Varianz zusammenfaßt und diese mit der quadrierten Summe ihres unmittelbaren und ihres aus der Einflußnahme auf nachgeordnete Zufallsvariablen resultierenden mittelbaren Einflusses gewichtet.

B Bestimmung der erwartenten Liquidationserlöse von Kauf- und Verkaufsoptionen

Es gilt:

$$E\left\{ C_\theta^k(X_\theta, B) \right\} = E\left\{ \max(X_\theta - B, 0) \right\} =$$

$$\int_B^\infty (X_\theta - B)\ f(X_\theta)\ dX_\theta =$$

$$\int_{\log\left(\frac{B}{X_t}\right)}^\infty X_t \cdot \exp\{x_t^\theta\}\ f(x_t^\theta)\ dx_t^\theta - B \cdot \int_{\log\left(\frac{B}{X_t}\right)}^\infty f(x_t^\theta)\ dx_t^\theta =$$

$$\int_{\log\left(\frac{B}{X_t}\right)}^{\infty} X_t \cdot \exp\{x_t^{\theta}\} \; \frac{1}{std(x_t^{\theta})} \, n\left(\frac{x_t^{\theta} - E(x_t^{\theta})}{std(x_t^{\theta})}\right) dx_t^{\theta}$$

$$- \; B \cdot \int_{\log\left(\frac{B}{X_t}\right)}^{\infty} \frac{1}{std(x_t^{\theta})} \, n\left(\frac{x_t^{\theta} - E(x_t^{\theta})}{std(x_t^{\theta})}\right) dx_t^{\theta} \quad =$$

$$\int_{\log\left(\frac{B}{X_t}\right)}^{\infty} X_t \cdot \exp\left\{E(x_t^{\theta}) + \frac{1}{2} var(x_t^{\theta})\right\} \; \frac{1}{std(x_t^{\theta})} \, n\left(\frac{x_t^{\theta} - \left(E(x_t^{\theta}) + var(x_t^{\theta})\right)}{std(x_t^{\theta})}\right) dx_t^{\theta}$$

$$- \; B \cdot \int_{\log\left(\frac{B}{X_t}\right)}^{\infty} \frac{1}{std(x_t^{\theta})} \, n\left(\frac{x_t^{\theta} - E(x_t^{\theta})}{std(x_t^{\theta})}\right) dx_t^{\theta} \quad =$$

$$E(X_{\theta}) \int_{d_1}^{\infty} n(g)\, dg \; - \; B \int_{d_2}^{\infty} n(g)\, dg \quad =$$

$$E(X_{\theta}) \cdot \left(1 - N(d_1)\right) \; - \; B \cdot \left(1 - N(d_2)\right) \quad =$$

$$E(X_\theta)\cdot N(-d_1) - B\cdot N(-d_2) \tag{107}$$

mit

$$d_1 := \frac{\log\left(\frac{B}{X_t}\right) - \left[E(x_t^\theta) + var(x_t^\theta)\right]}{std(x_t^\theta)} \tag{108}$$

$$d_2 := \frac{\log\left(\frac{B}{X_t}\right) - E(x_t^\theta)}{std(x_t^\theta)} \tag{109}$$

In Verbindung mit

$$\log(E(X_\theta)) = \log(X_t) + E(x_t^\theta) + \frac{1}{2} var(x_t^\theta)$$

erhält man hieraus

$$-d_1 = \frac{\log\left(\frac{X_t}{B}\right) + E(x_t^\theta) + var(x_t^\theta)}{std(x_t^\theta)} = \frac{\log\left(\frac{E(X_\theta)}{B}\right) + \frac{1}{2} var(x_t^\theta)}{std(x_t^\theta)}$$

und

$$- d_2 = \frac{\log\left(\frac{X_t}{B}\right) + E(x_t^\theta)}{std(x_t^\theta)} = \frac{\log\left(\frac{E(X_\theta)}{B}\right) - \frac{1}{2} var(x_t^\theta)}{std(x_t^\theta)}$$

d. h.

$$- d_2 = - d_1 - std(x_t^\theta)$$

Damit ist gezeigt, daß mit

$$f^k\left(E(X_\theta), B, std(x_t^\theta)\right) := E(X_\theta) \cdot N(-d_1) - B \cdot N(-d_2) \qquad (110)$$

gilt:

$$E\left\{ C_\theta^k(X_\theta, B) \right\} = f^k\left(E(X_\theta), B, std(x_t^\theta)\right)$$

Analog läßt sich zeigen, daß mit

$$f^v\left(E(X_\theta), B, std(x_t^\theta)\right) := B \cdot N(d_2) - E(X_\theta) \cdot N(d_1) \qquad (111)$$

gilt:

$$E\left\{ C_\theta^v(X_\theta, B) \right\} = f^v\left(E(X_\theta),\ B,\ std(x_t^\theta) \right)$$

C Zur Sensitivität des erwarteten Liquidationserlöses von Optionen in Bezug auf Parameteränderungen

Partielles Ableiten führt auf:

$$\frac{\partial f^k\left(E(X_\theta),\ B,\ std(x_t^\theta) \right)}{\partial\ E(X_\theta)} =$$

$$N(-d_1) + \frac{n(-d_2)}{E(X_\theta) \cdot std(x_t^\theta)} \left\{ E(X_\theta) \frac{n(-d_1)}{n(-d_2)} - B \right\} \qquad (112)$$

bzw.

$$\frac{\partial f^v\left(E(X_\theta),\ B,\ std(x_t^\theta) \right)}{\partial\ E(X_\theta)} =$$

$$-\ N(d_1) + \frac{n(d_2)}{E(X_\theta) \cdot std(x_t^\theta)} \left\{ E(X_\theta) \frac{n(d_1)}{n(d_2)} - B \right\} \qquad (113)$$

Somit gilt wegen

$$\frac{n(-d_1)}{n(-d_2)} = \frac{n(d_1)}{n(d_2)} = \exp\left\{ -\log \frac{E(X_\theta)}{B} \right\} = \frac{B}{E(X_\theta)}$$

$$\frac{\partial f^k\left(E(X_\theta),\, B,\, std(x_t^\theta)\right)}{\partial\, E(X_\theta)} = N(-d_1) > 0 \tag{114}$$

und

$$\frac{\partial f^v\left(E(X_\theta),\, B,\, std(x_t^\theta)\right)}{\partial\, E(X_\theta)} = -N(d_1) < 0 \tag{115}$$

Analog läßt sich zeigen, daß gilt:

$$\frac{\partial f^k\left(E(X_\theta),\, B,\, std(x_t^\theta)\right)}{\partial\, B} = -N(-d_2) > 0 \tag{116}$$

und

$$\frac{\partial f^v\left(E(X_\theta),\, B,\, std(x_t^\theta)\right)}{\partial\, B} = N(d_2) < 0 \tag{117}$$

D Zum Nachweis der Existenz von Dominanzbeziehungen zwischen einzelnen Optionsgeschäften und einzelnen Forwardkontrakten

Es genügt, die Identität

$$E(Z^o) = E(-Z^{o^c})$$

für ein bestimmtes $o \in \{k,v\}$ zu verifizieren, weil sie auch nach Multiplikation mit (-1) gilt. Wir betrachten den Fall

$$\operatorname{cov}(X,C) < 0 \Leftrightarrow \alpha < 1$$

Unter Berücksichtigung der im Text getroffenen Annahme $\alpha = \varphi$ und der aus der Arbitragefreiheitsannahme resultierenden Beziehung $X_t^\theta = \varphi \cdot E(X)$ folgt $E(X) > X_t^\theta$,

so daß die für die Zulässigkeit notwendige und in Verbindung mit $\operatorname{cov}(Z^o, C) = -E(C) \cdot E(Z^o)$ hinreichende Bedingung für die Zulässigkeit einer Kaufoption

$$E(Z^k) > 0$$

erfüllt ist.

Nun gilt: $E(Z^k) = \frac{1}{2}(E(X) - X_t^\theta) \Leftrightarrow E(Z^k) = \frac{1}{2}\left(E(Z^k) + E(-Z^v)\right)$

$$\Leftrightarrow E(Z^k) = E(-Z^v)$$

Damit bleibt zu prüfen, ob

$$E(Z^k) = \frac{1}{2}(E(X) - X_t^\theta) \quad \text{d. h.}$$

$$f^k(E(X),\ B,\ std(x)) - f^k(X_t^\theta,\ B,\ std(x)) = \frac{1}{2}\,(E(X) - X_t^\theta) \qquad (118)$$

unter der Bedingung $E(X) > X_t^\theta$ (α spielt hier offensichtlich keine Rolle) erfüllbar ist.

Zunächst sind beide Seiten der Gleichung offensichtlich stets positiv.

Definitionsgemäß gilt

für $B = 0$:

$$f^k(E(X),\ B,\ std(x)) - f^k(X_t^\theta,\ B,\ std(x)) = E(X) - X_t^\theta$$

und für $B = \infty$:

$$f^k(E(X),\ B,\ std(x)) - f^k(X_t^\theta,\ B,\ std(x)) = 0 - 0 = 0$$

Ferner gilt:

$$\frac{\partial f^k\left(E(X_\theta),\ B,\ std(x_t^\theta)\right)}{\partial B} - \frac{\partial f^k\left(X_t^\theta,\ B,\ std(x_t^\theta)\right)}{\partial B} =$$

$$-N\left(-d_2(E(X_\theta))\right) + N\left(-d_2(X_t^\theta)\right)$$

Da die erste partielle Ableitung von $-d_2(.)$ nach $E(X_\theta)$ bzw. nach X_t^θ positiv und $N(.)$ eine Verteilungsfunktion ist, ist die linke Seite von (118) unter der

Voraussetzung $E(X_\theta) >(<) X_t^\theta$ eine monoton fallende (steigende) Funktion des Basispreises[105].

Damit ist alles gezeigt: es muß ein B existieren, welches die Gleichung löst.

E Bestimmung der Varianzen des Nettoliquidationserlöses von Kauf- und Verkaufsoptionen

Es gilt:

$$var(Z_\theta^o) = var(C_\theta^o) = E\left\{(C_\theta^o)^2\right\} - E(C_\theta^o)^2 =$$

$$E\left\{(C_\theta^o)^2\right\} - f^o\left(E(X_\theta), B, std(x_t^\theta)\right)^2 \qquad (119)$$

Unter Berücksichtigung der bei der Bestimmung von $f^o\left(E(X_\theta), B, std(x_t^\theta)\right)$ vorgenommenen Umformungen erhält man:

---

105 Dieser Sachverhalt korrespondiert mit der auch intuitiv plausiblen Vorstellung, daß der erwartete Liquidationserlös einer Kaufoption um so nachhaltiger von einer Erhöhung des Basispreises beeinträchtigt wird, je größer die Wahrscheinlichkeit der Ausübung ist.

$$E\left\{(C_\theta^k)^2\right\} =$$

$$E(X_\theta)^2 \exp\ \{var(x_t^\theta)\}\ N\left(-d_1+std(x_t^\theta)\right)\ -\ 2\ B\ E(X_\theta)N(-d_1)\ +\ B^2\ N(-d_2)$$

und

$$E\left\{(C_\theta^v)^2\right\} =$$

$$E(X_\theta)^2 \exp\ \{var(x_t^\theta)\}\ N\left(d_1-std(x_t^\theta)\right)\ -\ 2\ B\ E(X_\theta)N(d_1)\ +\ B^2\ N(d_2)$$

F Zur Bestimmung der Dichtefunktion p(z)

Zur Herleitung benötigen wir die Funktion

$$U_k(t)\ :=\ \exp\left\{-\left(k\cdot\gamma+\frac{1}{2}k^2\cdot\sigma^2\right)\cdot\ t\right\}\cdot \exp\{\ k\cdot \log X_t\} \qquad (120)$$

$U_k(t)$ ist ein Martingal, denn (vgl. den Hinweis zu den Gleichungen (92) und (93) zur Erläuterung der ersten Identität):

$$E\{ U_k(t+s) \mid U_k(t) \} = E\{ U_k(t+s) \mid \log X_t \} =$$

$$\exp\left\{ -\left(k\cdot\gamma + \frac{1}{2}k^2\cdot\sigma^2\right)(t+s) \right\}\cdot E\{ \exp\{k\cdot\log X_{t+s}\} \mid \log X_t \} =$$

$$\exp\left\{ -\left(k\cdot\gamma + \frac{1}{2}k^2\cdot\sigma^2\right)(t+s) \right\}\cdot$$

$$\cdot \exp\left\{ k\cdot E(\log X_{t+s} \mid \log X_t) + \frac{1}{2}k^2\cdot \mathrm{var}(\log X_{t+s} \mid \log X_t) \right\} =$$

$$\exp\left\{ -\left(k\cdot\gamma + \frac{1}{2}k^2\cdot\sigma^2\right)(t+s) \right\}\exp\left\{ k\cdot(\log X_t + \gamma\cdot s) + \frac{1}{2}k^2\cdot\sigma^2\cdot s \right\} =$$

$$\exp\left\{ -\left(k\cdot\gamma + \frac{1}{2}k^2\cdot\sigma^2\right)(t+s) \right\}\exp\left\{ k\cdot\log X_t + \left(k\cdot\gamma + \frac{1}{2}k^2\cdot\sigma^2\right)s \right\} =$$

$$\exp\left\{ -\left(k\cdot\gamma + \frac{1}{2}k^2\cdot\sigma^2\right)\cdot t \right\}\cdot \exp\{ k\cdot \log X_t \}$$

Damit ist gezeigt, daß $U_k(t)$ die Martingaleigenschaft

$$E\{ U_k(t+s) \mid U_k(t) \} = U_k(t)$$

besitzt.

Da annahmegemäß das Ereignis, dessen Eintritt z definiert, innerhalb eines endlichen Zeitraumes eintritt[106], und die Martingaleigenschaft auch für den zufällig (durch z) gestoppten Prozeß gilt[107], gilt also

$$E\{U_k(t+z) \mid U_k(t)\} = U_k(t) \tag{121}$$

Dies impliziert für t = 0

$$E\left[\exp\left\{-\left(k\cdot\gamma + \frac{1}{2}k^2\cdot\sigma^2\right)\cdot z\right\}\right]\cdot \exp\{k\cdot \log X^*\} = \exp\{k\cdot \log X_0\}$$

bzw.

$$E\left[\exp\left\{-\left(k\cdot\gamma + \frac{1}{2}k^2\cdot\sigma^2\right)\cdot z\right\}\right] = \exp\{-k\cdot x^*\} \tag{122}$$

Es ist zu zeigen, daß

$$p(z) = \frac{x^*}{\sigma\sqrt{2\pi\cdot z^3}}\exp\left\{-\frac{(x^*-\gamma\cdot z)^2}{2\sigma^2\cdot z}\right\}, \quad z > 0$$

die Gleichung (122) löst, d. h. daß gilt:

---

106 Die Einschränkung ist zunächst nicht notwendig, stellt aber im Hinblick auf die letztlich angestrebte Herleitung einer Dichtefunktion keine zusätzliche Restriktion dar; vgl. *Karlin, S. and H. M. Taylor*, A first course in stochastic processes, 2.Aufl., New York - San Francisco - London 1975, S. 361 - 363

107 Vgl. *Neveu, J.*, op. cit., Satz 4.5.5, S. 170

$$\int_0^{\infty} \frac{x^*}{\sigma\sqrt{2\pi \cdot z^3}} \exp\left\{ - \frac{\left(k\cdot\gamma + \frac{1}{2}k^2\cdot\sigma^2\right)2\sigma^2\cdot z^2 + (x^* - \gamma\cdot z)^2}{2\sigma^2\cdot z} \right\} dz =$$

$$\exp\{ -k\cdot x^* \} \qquad (123)$$

Für beliebige $a > 0$, $b \geq 0$ gilt[108] (die erste Identität folgt unmittelbar aus der Symmetrie des Integranden):

$$\int_0^{\infty} \exp\left\{ - \frac{b}{u^2} - a u^2 \right\} du =$$

$$\int_{-\infty}^{0} \exp\left\{ - \frac{b}{u^2} - a u^2 \right\} du = \frac{1}{2}\sqrt{\frac{\pi}{a}} \exp\{-2\sqrt{a\cdot b}\} \qquad (124)$$

Wir werden im folgenden a und b durch Ausdrücke ersetzen, die in Beziehung zur Dichtefunktion p(z) stehen; dementsprechend setzen wir:

$$a := \frac{1}{8}\left(\frac{x^*}{\sigma}\right)^2$$

und

$$b := 2\left(\frac{\gamma}{\sigma} + k\sigma \right)^2$$

108 Vgl. Abramowitz, M. and I.A. Stegun (eds.), Handbook of mathematical functions, 5. Aufl., New York 1968, S. 302, Ziffer 7.4.3

Während b ≥ 0 stets erfüllt ist, erfordert a > 0 die zusätzliche Restriktion $x^* \neq 0$. Sie ist allerdings im hier diskutierten Zusammenhang irrelevant, da das Niveau $X^* := X_t \cdot \exp\{ x^* \}$ für $x^* = 0$ mit dem Ausgangsniveau X_t identisch ist, so daß die Dichtefunktion für den Zeitraum, den der Prozeß von X_t ausgehend benötigt, um zum erstenmal X^* zu erreichen, entarten muß.

Nach der Variablensubstitution $u := -\frac{2}{\sqrt{z}}$ notiert man (124) wie folgt:

$$\int_0^\infty \frac{1}{\sqrt{z^3}} \exp\left\{-2\left(\frac{\gamma}{\sigma} + k\sigma\right)^2 \cdot \left(\frac{\sqrt{z}}{2}\right)^2 - \frac{1}{8}\left(\frac{x^*}{\sigma}\right)^2 \cdot \left(\frac{2}{\sqrt{z}}\right)^2\right\} dz$$

$$=$$

$$\frac{1}{2}\sqrt{8\pi\left(\frac{x^*}{\sigma}\right)^{-2}} \exp\left\{-2\sqrt{\frac{2}{8}\left(\frac{x^*}{\sigma}\right)^2\left(\frac{\gamma}{\sigma} + k\sigma\right)^2}\right\}$$

Diese Gleichung läßt sich wie folgt zu der zu verifizierenden Beziehung (123) umformen:

$$\int_0^\infty \frac{1}{\sqrt{z^3}} \exp\left\{-2\left(\frac{\gamma}{\sigma} + k\sigma\right)^2 \cdot \left(\frac{\sqrt{z}}{2}\right)^2 - \frac{1}{8}\left(\frac{x^*}{\sigma}\right)^2 \cdot \left(\frac{2}{\sqrt{z}}\right)^2\right\} dz$$

$$=$$

$$\frac{1}{2}\sqrt{8\pi\left(\frac{x^*}{\sigma}\right)^{-2}} \exp\left\{-2\sqrt{\frac{2}{8}\left(\frac{x^*}{\sigma}\right)^2\left(\frac{\gamma}{\sigma} + k\sigma\right)^2}\right\} \Leftrightarrow$$

$$\int_0^\infty \frac{1}{\sqrt{z^3}} \exp\left\{-2\,\frac{(\gamma + k\cdot\sigma^2)^2}{\sigma^2}\cdot\left(\frac{\sqrt{z}}{2}\right)^2 - \frac{(x^*)^2}{8\sigma^2}\cdot\left(\frac{2}{\sqrt{z}}\right)^2\right\} dz$$

$$=$$

$$\frac{\sqrt{2\pi}\cdot\sigma}{x^*} \exp\left\{-x^*\left(\frac{\gamma}{\sigma^2} + k\right)\right\} \quad \Leftrightarrow$$

$$\int_0^\infty \frac{1}{\sqrt{z^3}}\cdot$$

$$\exp\left\{-2\,\frac{2\sigma^2\left(k\cdot\gamma + \frac{1}{2}k^2\cdot\sigma^2\right) + \gamma^2}{\sigma^2}\cdot\left(\frac{\sqrt{z}}{2}\right)^2 - \frac{(x^*)^2}{8\sigma^2}\cdot\left(\frac{2}{\sqrt{z}}\right)^2\right\} dz$$

$$=$$

$$\frac{\sqrt{2\pi}\cdot\sigma}{x^*} \exp\left\{-k\cdot x^* - \frac{x^*\cdot\gamma}{\sigma^2}\right\} \quad \Leftrightarrow$$

$$\int_0^\infty \frac{1}{\sqrt{z^3}} \cdot$$

$$\exp\left\{- \frac{2\sigma^2\left(k\cdot\gamma + \frac{1}{2}k^2\cdot\sigma^2\right) + \gamma^2}{2\sigma^2}\cdot z - \frac{(x^*)^2}{2\sigma^2}\cdot\frac{1}{z} + \frac{x^*\cdot\gamma}{\sigma^2}\right\} dz$$

$$=$$

$$\frac{\sqrt{2\pi}\cdot\sigma}{x^*}\ \exp\{-k\cdot x^*\} \qquad \Leftrightarrow$$

$$\int_0^\infty \frac{x^*}{\sigma\sqrt{2\pi\cdot z^3}} \exp\left\{- \frac{\left(k\cdot\gamma + \frac{1}{2}k^2\cdot\sigma^2\right)2\sigma^2\cdot z^2 + (x^*-\gamma\cdot z)^2}{2\sigma^2\cdot z}\right\} dz$$

$$=$$

$\exp\{-k\cdot x^*\}$ q. e. d.

Verzeichnis häufig verwendeter Symbole[109]

B	Menge zulässiger Hedgeportefeuilles (21); Matrix der Indexgewichte (40); Basispreis (81)
b_i^k	Gewichte, die die originären Hedginginstrumente $i \leq k$ im Index I_k besitzen (45)
C	Cash Flow des hedgenden Unternehmens im hedgingrelevanten Zeitpunkt (20)
C_θ^o	Bruttoliquidationserlös (Ausübungserlös) von Kaufoptionen [o=k] oder Verkaufsoptionen [o=v] (79)
c_t^θ	approximatives prozentuales Wachstum des Cash Flow im Zeitraum von t bis θ (87)
c(x)	Saldo der erwarteten Nettozahlungen des Hedgeportefeuilles x (20)
corr(.,.)	Korrelationskoeffizient (22)
cov(.,.)	Kovarianz zwischen skalaren Zufallsgrößen (19)
COV(.,.)	Kovarianz, wobei wenigstens eines der beiden Argumente ein Zufalls*vektor* ist. (19)
cov(.,.|.)	bedingte Kovarianz (50)

---

109 Die Ziffern in Klammern geben an, auf welcher Seite des Textes das jeweilige Symbol eingeführt wird.

Δc — durch Hinzufügen eines weiteren Hedginginstrumentes bewirkte Veränderung des Saldos der erwarteten Nettozahlungen eines Hedgeportefeuilles (62)

ΔR — von der Unternehmensleitung geforderte Risikoreduktion (per definitionem gilt: $\Delta R \leq 0$) (21)

$E(.)$ — Erwartungswert einer (vektoriellen) Zufallsvariablen (19)

$E(. \mid .)$ — bedingter Erwartungswert (48)

$F_\theta(t,\theta)$ — Liquidationserlös eines in t abgeschlossenen Forwardkontraktes im Fälligkeitszeitpunkt θ (77)

$F_\theta(t,T)$ — Liquidationserlös eines in t mit Fälligkeit T abgeschlossenen und in θ vorzeitig glattgestellten Forwardkontraktes (110)

g — Vektor Gaußscher Einheitsvariablen (82)

γ — erwartete stetige Wachstumsrate einer geometrischen Brownschen Bewegung; sie kann für Werte nahe bei Null und kurze Zeiträume näherungsweise als erwartete diskrete Wachstumsrate für solche Zeiträume interpretiert werden (124)

Id — Einheitsmatrix (40)

I_k — Index, der sich als Linearkombination von k originären Hedginginstrumenten bestimmt (38)

$\lambda(n)$ — Schattenpreis für die Begrenzung der Varianz des Cash Flow in Abhängigkeit von n zu einem Hedgeportefeuille zusammengefaßten Hedginginstrumenten (61)

$L(.)$ — Lagrangefunktion (24)

$n(.)$ — Restriktionsfunktion (24); Dichtefunktion der Standardnormalverteilung (139)

N(.)	Verteilungsfunktion der Standardnormalverteilung (143)
p^o	Prämien (Optionspreise) europäischer Kaufoptionen [o=k] oder Verkaufsoptionen [o=v] (79)
Q_t^θ	stochastische, marktdeterminierte Diskontierungsfaktoren zur Bewertung in θ erfolgender Zahlungen in t (80)
Θ_t^θ	Q_t^θ entsprechender *ausländischer* Diskontierungsfaktor (102)
r_t^θ	(deterministischer) Zinssatz der stetigen Verzinsung für die Periode [t,θ] (79)
ρ_t^θ	r_t^θ entsprechender *ausländischer* Zinssatz (102)
S	Synthese zweier Zahlungen (65)
S_θ	Nettoliquidationserlös eines synthetisierten Fixgeschäftes (91)
sgn(.)	Vorzeichenfunktion (34)
std(.)	Standardabweichung (22)
var(.)	Varianz (20)
$var_S(.)$	Stichprobenvarianz (125)
var(.|.)	bedingte Varianz (47)
W	auf den Wechselkurs bezogene Preisgrößen (99)
w_t^θ	approximatives prozentuales Wachstum des Wechselkurses im Zeitraum von t bis θ (100)
x	Spaltenvektor der Hedgeportefeuillekomponenten (20)

x^*	optimales Hedgeportefeuille (26)
$\xi_1{}^*$	Portefeuille, welches die für eine gegebene Alternativenmenge von Hedginginstrumenten maximal mögliche Risikoreduktion gewährleistet (26)
$\xi_2{}^*$	Portefeuille, welches den erwarteten Erlös unter Einhaltung (und Ausnutzung) des durch das Portefeuille $\xi_1{}^*$ geschaffenen spekulativen Spielraumes maximiert (26)
X_θ	Marktpreis eines Basistitels im Zeitpunkt θ (77)
x_t^θ	approximatives prozentuales Wachstum dieses Marktpreises im Zeitraum von t bis θ (82)
X_t^θ	in t vereinbarter Terminkurs; fällig in θ (77)
z_i	Nettozahlung des Hedgingtitels i im hedgingrelevanten Zeitpunkt (19)
Z_θ^o	nach Abzug der verzinsten Prämie verbleibender *Netto*liquidationserlös von Kaufoptionen [o=k] oder Verkaufsoptionen [o=v] (79)
Z_θ^{o*}	Nettoliquidationserlös (in Inlandswährung) eines Engagements in ausländischen Optionen, wenn Prämienzahlungen im Inland fremdfinanziert oder angelegt werden (103)

Literaturverzeichnis

Abramowitz, M. and I. A. Stegun (eds), Handbook of mathematical functions, 5. Auflage, New York 1968

Anderson, R. W. und J.-P. Danthine, Cross hedging, JOURNAL OF POLITICAL ECONOMY 89 (1981), 1182 - 1196

Arrow, K. J., Le rôle des valeurs boursières pour la repartition la meilleure des risques, in: Econométrie, Paris, Centre National de la Recherche Scientifique, 1953, 41 - 48

Bellman, R.E., Dynamic Programming, Princeton 1957

Black, F. and M. Scholes, The pricing of options and corporate liabilities, JOURNAL OF POLITICAL ECONOMY 81 (1973), S 637 - 654

Brennan, M. J., The pricing of contingent claims in discrete time models, JOURNAL OF FINANCE 24 (1979), 53 - 68

Brito , N. O., Marketability restrictions and the valuation of capital assets under uncertainty, JOURNAL OF FINANCE 32 (1977), 1109 - 1123

Chung, K. L., Elementary Probability Theory with Stochastic Processes, New York - Heidelberg - Berlin 1974

Cox, J. C., Ingersoll, J. E., jr., and S. A. Ross, The relationship between forward prices and futures prices, JOURNAL OF FINANCIAL ECONOMICS 9 (1981), 321 - 346

dieselben, A theory of the term structure of interest rates, ECONOMETRICA 53, (1985), 385 - 407

Debreu, G., The Theory of Value, 3. Auflage, New York 1965

Ederington, L. H., The hedging performance of the new futures markets, JOURNAL OF FINANCE 34 (1979), 157 - 170

Feller, W., An Introduction to Probability Theory and its Applications, Volume II , Second Edition, New York et al.

Franke, G. und H. Hax, Finanzwirtschaft des Unternehmens und Kapitalmarkt, Berlin - Heidelberg 1988

Franklin, Joel, Methods of Mathematical Economics, New York - Heidelberg - Berlin 1980, S. 44 - 50

Frohn, J., Grundausbildung in Ökonometrie, Berlin - New York 1980

Fürst, M., Die Börse, ihre Entstehung und Entwicklung, ihre Einrichtungen und Geschäfte, 2. Aufl., Leipzig 1923

Goss, B. A. and B. S. Yamey (eds.), The economics of futures trading, 2. Aufl., London and Basingstoke 1978

Heestermann, A.R.G., Matrices and simplex algorithms, Dordrecht - Boston - London 1983

Hirshleifer, J., Investment Decision under Uncertainty: choice - theoretic approaches, QUARTERLY JOURNAL OF ECONOMICS 79 (1965), 509 - 536

derselbe, Investment decision under uncertainty: applications of the state - preference - approach, QUARTERLY JOURNAL OF ECONOMICS 80 (1966), 252 - 277

Howard, C. T. and L. J. D'Antonio, A risk-return measure of hedging effectiveness, JOURNAL OF FINANCIAL AND QUANTITATIVE ANALYSIS 19 (1984), 101 - 112

Ingersoll, J.E., jr., Theory of Financial Decision Making, Totowa N.J. (USA) 1987

Johnson, L. L., The theory of hedging and speculation in commodity futures, REVIEW OF ECONOMIC STUDIES 27 (1960), 139 - 151

Jarrow, R. A. and G. S. Oldfield, Forward contracts and futures contracts, JOURNAL OF FINANCIAL ECONOMICS 9 (1981), 373 - 382

Karlin, S. and H. M. Taylor, A first course in stochastic processes, 2.Aufl., New York San Francisco London 1975

Kessel, W., Die Absicherung von Währungsrisiken bei deutschen Reiseveranstaltern, ZEITSCHRIFT FÜR BETRIEBSWIRTSCHAFTLICHE FORSCHUNG 40 (1988), 447 - 458

Knight, F. H., Risk, Uncertainty, and Profit, Boston - New York 1921

Kowalsky, H.-J., Lineare Algebra, 8. Auflage, Berlin - New York 1977

Long, J. B., Consumption-investment decisions and equilibrium in the securities markets, in: M. C. Jensen (ed.), Studies in the Theory of Capital Markets, New York - Washington - London 1972, 146 - 222

Markowitz, H., Portfolio Selection, JOURNAL OF FINANCE 8 (1953), 77 - 91

Mayers, D., Nonmarketable assets and capital market equilibrium under uncertainty, in: M. C. Jensen (ed.), Studies in the Theory of Capital Markets, New York - Washington - London 1972, 223 - 248

Merton, R. C., Lifetime portfolio selection under uncertainty: the continuous time case, REVIEW OF ECONOMICS AND STATISTICS 51 (1969), 247 - 257

derselbe, An intertemporal asset pricing model, ECONOMETRICA 41 (1973), 867 - 887

derselbe, Theory of rational option pricing, in: BELL JOURNAL OF ECONOMICS 4, (1973), S. 141 - 183 derselbe, On the mathematics and economics of continuous time models, in: Sharpe, W. F. and C. M. Cootner (eds.), Financial Economics: Essays in Honor of Paul Cootner, Englewood Cliffs 1982, S. 19 - 51

Myers, S. C., A time - state - preference model of security valuation, JOURNAL OF FINANCIAL AND QUANTITATIVE ANALYSIS 3 (1968), 1 - 33

Neveu, J., Mathematische Grundlagen der Wahrscheinlichkeitstheorie, München - Wien 1969

Oberhofer, W., Lineare Algebra für Wirtschaftswissenschaftler, München - Wien 1978

Ross, S. A., A simple approach to the valuation of risky streams, JOURNAL OF BUSINESS 51 (1978), 453 - 475

derselbe, Information and volatility: the no arbitrage martingale approach to timing and resolution irrelevancy, JOURNAL OF FINANCE (1989), 1 - 17

Rubinstein, M., The valuation of uncertain income streams and the pricing of options, BELL JOURNAL OF ECONOMICS 7 (1976), 407 - 425

Rudolph, B. und J. Wilhelm (Hrsg.), Bankpolitik, finanzielle Unternehmensführung und die Theorie der Finanzmärkte: Festschr. für Hans-Jacob Krümmel zur Vollendung d. 60. Lebensjahres, Berlin 1988

Samuelson, P. A., Lifetime portfolio selection by dynamic stochastic programming, REVIEW OF ECONOMICS AND STATISTICS 51 (1969), 239 - 246

Schmidt, F., Die Effektenbörse und ihre Geschäfte, Leipzig 1922

Schneeweiß, H., Entscheidungskriterien bei Risiko, Berlin - Heidelberg - New York 1967

Sharpe, W. F. and C. M. Cootner (eds.), Financial Economics: Essays in Honor of Paul Cootner, Englewood Cliffs 1982

Spremann, K., Produktion, Hedging, Spekulation - Zu den Funktionen von Futures - Märkten, ZEITSCHRIFT FÜR BETRIEBSWIRTSCHAFTLICHE FORSCHUNG 38 (1986), 443 - 464

Stein, J. L., The simultaneous determination of spot and futures prices, AMERICAN ECONOMIC REVIEW 51 (1961), 1012 - 1025

Stoll, H. R., The relationship between put and call option prices, JOURNAL OF FINANCE 24 (1969), 801 - 824

Thiessen, F., Optionen und innerbetriebliche Restriktionen im Devisenhandel, ZEITSCHRIFT FÜR DAS GESAMTE KREDITWESEN 23 (1988), 1075 - 1081

Vosshenrich, B., Handelsstrategien mit Devisenoptionen, DIE BANK (1986), 451 - 458

derselbe, Devisentermingeschäft: Kurssicherungsinstrument und Spekulationsvehikel, DIE BANK (1987), 447 - 452

Wardrep B. N. und Buck J. F., The Efficacy of Hedging with Financial Futures: A Historical Perspective, JOURNAL OF FUTURES MARKETS 2 (1982), 243 - 254

Wilhelm, J., Finanztitelmärkte und Unternehmensfinanzierung, Berlin - Heidelberg - New York 1983

derselbe, Arbitrage Theory, Berlin - Heidelberg et al. 1985

derselbe, Arbitrageorientierte Bewertung von Finanztiteln: eine Neuformulierung, Arbeitspapier 4/87 Universität Passau 1987

derselbe, Erwartungsstruktur und bestandsökonomische Darstellung aus kapitalmarkttheoretischer Sicht, in: Rudolph, B. und J. Wilhelm (Hrsg.),

Bankpolitik, finanzielle Unternehmensführung und die Theorie der Finanzmärkte, Berlin 1988, S. 475 - 500

derselbe, Finanzanalyse, unveröffentlichtes Vorlesungsskript, ohne Ort 1989

Woodward, S., The liquidity premium and the solidity premium, AMERICAN ECONOMIC REVIEW 73 (1983), S. 348 - 361

Working, H., Futures trading and hedging, AMERICAN ECONOMIC REVIEW 43 (1953), 314 - 343

derselbe, Hedging Reconsidered, JOURNAL OF FARM ECONOMICS (1953), 544 - 561

Wunsch, G. und H. Schreiber, Stochastische Systeme, Berlin 1984

Zwirner, T., Devisenkursrisiko, Unternehmen und Kapitalmarkt, Wiesbaden 1989

Wirtschaftswissenschaftliche Beiträge

Band 1
Christof Aignesberger
Die Innovationsbörse als Instrument zur Risikokapitalversorgung innovativer mittelständischer Unternehmen
1987. 326 Seiten. Brosch. DM 69,-
ISBN 3-7908-0384-7

Band 2
Ulrike Neuerburg
Werbung im Privatfernsehen
- Selektionsmöglichkeiten des privaten Fernsehens im Rahmen der betrieblichen Kommunikationsstrategie
1988. 302 Seiten. Brosch. DM 69,-
ISBN 3-7908-0391-X

Band 3
Joachim Peters
Entwicklungsländerorientierte Internationalisierung von Industrieunternehmen
- Eine theoretische und empirische Analyse des Entscheidungsverhaltens am Beispiel der deutschen elektronischen Industrie -
1988. 165 Seiten. Brosch. DM 49,-
ISBN 3-7908-0397-9

Band 4
Günther Chaloupek
Joachim Lamel und Josef Richter (Hrsg.)
Bevölkerungsrückgang und Wirtschaft
- Szenarien bis 2051 für Österreich -
1988. 478 Seiten. Brosch. DM 98,-
ISBN 3-7908-0400-2

Band 5
Paul J. J. Welfens und
Leszek Balcerowicz (Hrsg.)
Innovationsdynamik im Systemvergleich
- Theorie und Praxis unternehmerischer, gesamtwirtschaftlicher und politischer Neuerung -
1988. 466 Seiten. Brosch. DM 90,-
ISBN 3-7908-0402-9

Band 6
Klaus Fischer
Oligopolistische Marktprozesse
- Einsatz verschiedener Preis-Mengen-Strategien unter Berücksichtigung von Nachfrageträgheit -
1988. 169 Seiten. Brosch. DM 55,-
ISBN 3-7908-0403-7

Band 7
Michael Laker
Das Mehrproduktunternehmen in einer sich ändernden unsicheren Umwelt
1988. 209 Seiten. Brosch. DM 58,-
ISBN 3-7908-0413-4

Band 8
Irmela von Bülow
Systemgrenzen im Management von Institutionen
- Der Beitrag der Weichen Systemmethodik zum Problembearbeiten -
1989. 278 Seiten. Brosch. DM 69,-
ISBN 3-7908-0416-9

Band 9
Heinz Neubauer
Lebenswegorientierte Planung technischer Systeme
1989. 183 Seiten. Brosch. DM 55,-
ISBN 3-7908-0422-3

Band 10
Peter Michael Sälter
Externe Effekte: „Marktversagen" oder Systemmerkmal?
1989. 196 Seiten. Brosch. DM 59,-
ISBN 3-7908-0423-1

Band 11
Peter Ockenfels
Informationsbeschaffung auf homogenen Oligopolmärkten
- Eine spieltheoretische Analyse -
1989. 163 Seiten. Brosch. DM 58,-
ISBN 3-7908-0424-X

Band 12
Olaf Jacob
Aufgabenintegrierte Büroinformationssysteme
- Allgemeines Datenmodell und Probleme der Realisierung -
1989. 177 Seiten. Brosch. DM 55,-
ISBN 3-7908-0430-4

Band 13
Johann Walter
Innovationsorientierte Umweltpolitik bei komplexen Umweltproblemen
1989. 208 Seiten. Brosch. DM 59,-
ISBN 3-7908-0433-9

Band 14
Detlev Bonneval
Kostenoptimale Verfahren in der statistischen Prozeßkontrolle
- Eine praxisorientierte Untersuchung -
1989. 180 Seiten. Brosch. DM 55,-
ISBN 3-7908-0440-1

Band 15
Thomas Rüdel
Kointegration und Fehlerkorrekturmodelle
- Mit einer empirischen Untersuchung zur Geldnachfrage in der Bundesrepublik Deutschland -
1989. 138 Seiten. Brosch. DM 49,-
ISBN 3-7908-0441-X

Band 16
Konrad Rentrup
Heinrich von Storch, das „Handbuch der Nationalwirthschaftslehre" und die Konzeption der „inneren Güter"
1989. 146 Seiten. Brosch. DM 55,-
ISBN 3-7908-0445-2

Band 17
Manfred A. Schöner
Überbetriebliche Vermögensbeteiligung
1989. 417 Seiten. DM 98,-
ISBN 3-7908-0446-0

Band 18
Paulo Haufs
DV-Controlling
- Konzeption eines operativen Instrumentariums aus Budgets - Verrechnungspreisen - Kennzahlen -
1989. 166 Seiten. DM 55,-
ISBN 3-7908-0447-9

Band 19
Rainer Völker
Innovationsentscheidungen und Marktstruktur
- Der suchtheoretische Ansatz -
1990. 221 Seiten. DM 65,-
ISBN 3-7908-0452-5

Band 20
Petra Bollmann
Technischer Fortschritt und wirtschaftlicher Wandel
- Eine Gegenüberstellung neoklassischer und evolutorischer Innovationsforschung -
1990. 184 Seiten. DM 59,-
ISBN 3-7908-0453-3

Band 21
Franz Hörmann
Das Automatisierte, Integrierte Rechnungswesen
- Theoretische Konzeption und praktische Realisation mit einem Programmpaket -
1990. 408 Seiten. Brosch. DM 89,-
ISBN 3-7908-0454-1

Band 22
Winfried Böing
Interne Budgetierung im Krankenhaus
- Beziehungen zur externen Budgetierung, Gestaltungsformen, Voraussetzungen und Steuerungsmöglichkeiten -
1990. 274 Seiten. Brosch. DM 69,-
ISBN 3-7908-0456-8

Band 23
Gholamreza Nakhaeizadeh und Karl-Heinz Vollmer (Hrsg.)
Neuere Entwicklungen in der Angewandten Ökonometrie
- Beiträge zum 1. Karlsruher Ökonometrie-Workshop -
1990. 248 Seiten. Brosch. DM 68,-
ISBN 3-7908-0457-6